KB117885

스마트**리더**

조직을 움직이는 22가지 실용기술

스마트**리더**

조직을 움직이는 22가지 실용기술

신 경 수 지음

21세기북스

나는 20년을 넘게 '인사'라는 영역에서 일하고 있다. 그동안 주로 해왔던 일은 인사 평가의 체계 안을 만들고 급여와 성과급 배분 안을 만드는 일이었다. 누구나가 그렇듯이 처음에는 현업에서 일하다가 어느 순간 관리자가 되고 또 자연스럽게 대표이사라는 자리까지 올라오게 되었다. 그러는 동안 여러 가지 다양한 고객을 접하면서 많은 것을 느끼고 많은 것을 공부할 기회도 얻을 수 있었다. 그중에는 이름만 들어도 알 만한 굴지의 대기업도 들어가 있지만, 아이디어 하나로 이제 막 사업을 시작한 아주 작은 스타트업 기업도 포함되어 있다.

모든 회사가 나에게 요구하는 대부분의 주문은 크게 두 가지로 나뉜다. 첫 번째는 목표 설정의 구조화다. 조직이 가야 할 방향성에 맞추어 제대로 목표 설정이 되어 있는지, 그리고 그 목표가 조직 전체에 고르게 분배되어 있는지에 대해 전문가의 눈으로 봐 달라는 요구다. 두 번째는 평가 보상에 대한 구체적인 실행방안을 마련해달라는 요구다. 주어진 목표를 완벽히 수행했을 때, 어떤 방식으로 평가를 하고 그 결과에 대해 어떤 식의 보상으로 연계할 것인지에 대해 합리적이고도 구체적인 실행 방안을 제시해달라는 것이다.

위에 열거한 두 가지 요구사항은 인사에서 매우 중요한 영역에 속한다. 왜냐하면 조직이 추구하는 최종적인 골의 완성을 위해서는 명확한 목표설정과 함께 그 일을 수행하는 사람들에 대한 평가 보상이 제대로 이루어져야 하기 때문이다. 올바른 목표설정, 그리고 이를 수행하는 사람들에 대한 공정한 평가는 조직유지를 위해서는 필수 불가결한 요소다. 때문에 HR 컨설팅을 하는 회사들의 수요는 꾸준히 있었으며 우리 또한 예외는 아니었다.

그런데 어느 순간, 이런 생각이 들기 시작했다. 설령, 등급-임금-평가로 통하는 인사의 체계 안을 잘 만들어 놓는다고 해서 개인이 성장하고 조직이 성장하고 아무 문제없이 10년이 가고 100년이 가는 기업이 될 수 있을까? 제대로 된 전략과 제대로 된 인사제도를 갖추었다고 자부하는 기업 중에서도 상당수가 전략이나 제도와는 상관없는 문제들 때문에 골머리를 앓고 있는 모습을 지켜보면서 들게 된 의문점이다. 제품이나 제도가 아닌 다른 문제 때문에 한 발짝도 앞으로 나가지 못하는 상황, 오히려 뒤로 후퇴하는 상황을 목격하기 시작했다. 그리고 그 문제의 원인이 어디에 있는지를 찾기 위해 처절한 고민에 빠졌다.

　여기서 내가 내린 결론이 '사람의 마음'이다. 일하는 사람들의 마음에 대한 이해나 공감 없이는 일정 수준을 넘는 성장은 기대하기 어렵다는 것이다. 아무리 훌륭한 전략이 수립된다고 하여도, 아무리 기가 막힌 제품을 가지고 있다 하여도, 구성원들의 마음을 이해하지 못하는 조직에 더 이상의 성장은 기대할 수 없다는 결론에 도달했다. '사람의 마음'에 대한 중요성을 깨닫는 순간 나는 '리더십'이라는 분야에 푹 빠지게 되었다.

　그리고 '리더십'에 대한 탐구에 정신없이 매달렸다. 이미 리더십에 대해 연구하는 사람들이 적지 않은 상황에서 나는 어떤 차별성을 만들지를 고민했다. 다행히도 HR 컨설팅 영역에서 오랜 시간 쌓은 실무경험은 나에게 많은 도움이 되었다. 그 중에서도 가장 큰 도움이 된 것은 데이터에 근거한 이론 정립이었다. 데이터를 가지고 사물을 대한다는 것은 컨설팅을 하는 사람들에게 있어서는 내재화된 업무 방식이다. 그런데 이 방식이 리더십이라는 보이지 않는 영역을 설명하는 것에서도 기존 연구자들과는 확실히 다른 차별 포인트로 작용했다.

　데이터에 기반을 두어 리더십을 탐구하기 시작했다. 무조건

'리더십은 매우 중요한 것이다.'라는 주장이 아니라 구체적으로 '왜? 리더십이 중요한지' 그리고 '똑똑한 리더와 멍청한 리더는 어디서 갈리는지' '여기서 생긴 차이는 향후 조직에 어떤 영향을 미치는지'를 연구했다. 전자와 후자가 어떤 차이가 있느냐고? 전자에는 근거가 없다. 너무 추상적이다. 세상에 리더십이 중요하지 않다고 생각하는 사람은 없다. 반면, 후자의 경우는 리더십을 연마해야 할 필요성을 담고 있다. 인정받는 리더가 되어야 하는 근거와 이를 위한 솔루션이 담겨있다. 작아 보이지만 하늘과 땅만큼의 큰 차이가 있는 슬로건이다.

  책을 집필하기 전에 내가 관여한 각종 커뮤니티를 통해 설문 조사에 돌입했다. 팀장급 이상 리더 380명에 대해 그들이 느끼는 애로사항에 대해 청취했다. 그리고 이를 바탕으로 리더들이 일상의 업무에서 가장 많이 고민하는 것이 무엇인지를 파악하는 작업에 들어갔다. 수백 수천 개의 고민이 담긴 설문지가 회수되었고 여기에 담긴 단어들을 비슷한 뉘앙스를 가진 언어 그룹으로 분류했다. 그랬더니 육성, 팀워크, 관리, 성과라는 4개의 테마가 도출되었다. 나는 이들 4개 영역에 대한 자료조사에 들어갔고 수집된 자료들을 바탕으로 현장의 사례를 덧붙이는 작업을 벌이기 시작했다.

멤버 육성
  팀원이 팀장이 되고, 팀장이 임원이 되었을 때 가장 빨리 적응해야 하는 것이 업무 이관에 따른 권한이양이다. 기존의 자신이 하던 일을 빨리 멤버들에게 넘기고 자신은 새로 주어진 역할에 빨리 적응해야 한다. 최악의 리더는 승진하기 이전의 일을 그대로 안고 가는 사람들인데, 현장을 다니다 보면 의외로 이런 리더들이 적지 않다. 그들은 "몰라서 맡기지 않는 것이 아니라 불안해서 맡길 수 없다."라고 말한다. 이런 자세라면 멤버나 후배는 영원히 성장할 수 없다. 어떻게 하면 후배가 자신이 하던 일을 성공적으로 이어가게 할까를 먼저 생각하고 그 방법에 대해 고민해야 한다. 그들이 능력이 안 되니 넘길 수 없다는 말은 우선 "나 아니면 안 된다!"라는 폐쇄적이고도 이기적인 생각을 그대로 드러낸 언어이다. 플레이어는 나의 힘으로 100을 완성하는 사람이지만, 리더는 멤버들의 힘으로 100을 만드는 사람이다. 리더의 책무는 멤버들이 100을 만들어 낼 수 있도록 그들의 능력을 업그레이드시키는 데 총력을 기울여야 한다. 이 장에서는 이를 위해 필요한 리더로서의 역할 인식과 함께 뒤처진 멤버를 어떻게 관리할지에 관한 이야기를 다루어 보았다.

팀워크 향상

성과는 개인이 아니라 팀이 내는 것이다. 능력이 출중한 사람이 그 조직을 떠나서 다른 조직으로 옮겨가게 되었을 때, 계속해서 과거의 실력을 발휘하게 될 확률은 5%를 넘지 않는다고 한다. 이유는 간단하다. 같이 손발을 맞췄던 동료들이 바뀌었기 때문이다. 그가 과거의 조직에서 탁월한 실적을 남길 수 있었던 것도 팀워크가 맞는 동료들이 있었기 때문이었다. 이처럼 동료들의 헌신적인 도움 없이는 그 누구도 슈퍼플레이어가 될 수 없는데도 본인의 노력으로 모든 것을 이루었다고 떠들어대는 사람들이 많다. 하지만 이는 착각이다. 눈에 보이지 않을 뿐이지 음으로 양으로 주변의 도움을 받지 않을 수 없는 구조가 회사생활이다. 때문에 조직은 양질의 인성과 태도를 가진 사람들로 채워져야 한다. 감사함을 모르는 직원은 최대한 배제해야 한다. 조직 분위기도 바이러스와 같아서 악성 바이러스의 전파 속도가 매우 빠르기 때문이다. 집단면역과 같이 양질의 선한 바이러스가 최소 2/3는 넘어야 강한 조직력이 만들어진다. 이 장에서는 악성 바이러스를 차단하는 방법과 선한 바이러스를 생성해내는 방법에 대해 구체적인 아이디어를 담았다.

위기관리

순탄하게 비즈니스의 바다를 항해하는 조직은 그 어디에도 없다. 아무리 안정된 조직이라도 예기치 않은 위기 상황에 직면하는 일은 피할 수 없는 운명이다. 위기에 대한 극복이냐? 위기에 대한 굴복이냐? 이 문제에 있어서 빠질 수 없는 영역이 바로 위기 관리력이다. 멀리 갈 것도 없이 이런 사례는 우리 주변에서 수도 없이 많이 목격된다. 예기치 않은 거래처의 도산, 고객으로부터의 갑작스러운 거래중단, 회사 내부에서 터진 불미스러운 일 등등. 우리가 리더의 위기 관리력을 중요하게 여기는 이유는 이런 갑작스러운 사건사고에 대해 리더가 어떻게 초기대응을 하느냐가 회사의 운명에 크나큰 영향을 미치기 때문이다. 스마트한 리더의 현명한 초기대응은 자칫 무너질 수도 있었던 조직을 다시 살리는 모멘텀이 되기도 한다. 반면, 멍청한 리더의 부실한 대응은 잘 나가는 조직을 순식간에 훅 가게 만드는 단초가 되기도 한다. 이 장에서는 몇 가지 현장 사례와 함께 위기 상황에서 리더들이 어떻게 대처해야 하는지를 다루었다.

성과관리

'모든 길은 로마로 통한다.'라는 말이 있다. 조직도 마찬가지다. 리더십을 포함한 조직의 모든 활동은 결국 성과로 이어져야 한다. 우리가 리더들에 대한 교육에 신경을 쓰는 이유도 그들의 행동 하나하나가 성과와 연계되어 있기 때문이다. 멤버들에 대한 육성에 신경을 써야 하는 이유, 팀 내부의 단합이나 협동에 신경을 써야 하는 이유, 조직에 예상치 않은 위기가 발생했을 때 어떤 자세와 행동을 취해야 하는지에 대한 지식과 지혜를 공유하는 이유. 그 이유는 이 모든 것들이 전부 결과적으로는 팀의 성과, 나아가 조직의 성과로 이어지기 때문이다. 이 장에서는 성과에 직접적인 영향을 미치는 요소들에 대해 써보았다. 목표설정의 방식, 과업을 전할 때의 전달방식, 무임승차를 예방하는 해결책, 미팅이나 회의집중력을 높이는 방법 등과 같이 성과와 직접적인 연관이 있는 주제를 담았다. 되도록 실무적이고 실천적인 내용으로 채우려고 노력을 했는데 판단은 독자들에게 맡겨본다.

회사는 나와 내 가족, 그리고 동료들과 그들의 가족이 생계를 유지하는 데 필요한 모두의 기반이다. 따라서 무조건 생존해나가야 한다. 거기에 더해 기왕이면 지속적인 성장을 이루어나가면 더욱 좋겠다. 이런 성장을 이루기 위해서 필자가 제시하는 해답은 '인사이드아웃inside-out 전략'이다. 인사이드아웃은 기업 성장의 동인을 조직에 소속된 사람들에게서 찾는 전략이다. 조직의 성장을 내부 사람들의 역량과 연계하여 경쟁우위를 확보한다는 의미의 경영학 용어이다.

여기에는 두 가지 요소가 필요한데, 리더십과 조직문화이다. 조직문화가 아래로부터 올라오는 분위기 개선 운동이라고 본다면, 리더십은 위로부터 이를 지지해주고 응원해가는 이미지다. 스마트한 리더들의 지원을 받아 주니어 직원들이 활발하게 조직개선 활동의 선봉에 서는 모습이 필자가 규정한 인사이드아웃 전략의 기본개념이다. 이런 필자의 주장이 많은 사람의 지지를 받을 날을 기다리며 떨리는 마음으로 리더십에 대한 이야기를 해보고자 한다.

2021. 10
삼성동 사무실에서

급변하는 기업환경 속에서 어떤 방법으로 기업을 경영하는 것이 최상의 방법인지를 판단하는 것은 무척 어렵고 고민스러운 부분이다. 이런 때, 인사관리, 성과관리, 미래인재육성, 조직관리 등 새로운 소통문화를 현장감 있게 분석한 책이 나왔다. 이론적인 내용보다 실제 상황에 맞추어 미래 조직관리의 바람직한 모습에 대한 구체적 방안을 제시하고 있다. 이 책은 어떤 인재를 채용하고, 어떻게 육성관리해서 조직의 사기를 높일지에 대해 구체적인 힌트를 제공하고 있다. 아울러 구성원들에게 신뢰를 줄 수 있는 조직문화의 구축방법에 대해서도 구체적인 노하우를 제시하고 있다. 리더십과 조직문화는 동전의 양면과 같아서 이 개념이 잘 조화를 이루어야 하는데, 이 문제를 현실성 있게 잘 풀어내고 있다는 점에서 기업들이 참고해야 할 중요한 지침서로 많은 사랑을 받을 듯하다.

– 김상철 (한컴그룹 회장)

　대표가 되고 나서 더욱 절실해지는 것이 HR이었다. 역량있는 리더의 발탁과 개발육성, 그리고 기업문화는 항상 나를 괴롭히는 고민이었는데, 이번에 단비와 같은 책이 나와 참 반갑고 고마운 생각이 들었다. 이 책이 기존의 책들보다 더욱 믿음을 주고 깊이를 더하는 점은, 첫째로 근거가 되는 많은 자료와 논문을 기본으로 하고 있다는 점이다. 둘째는 수백 명의 현장설문을 통한 리더들의 고민을 깊이 파악한 탓에 현장감이 있다는 것이다. 마지막으로는 최근의 조류에도 맞추면서 리더들의 마음을 읽는, 그러면서도 결국 리더들이 갖는 고민의 답을 명쾌하고 시원하게 제시해주고 있다는 사실이다. 여기서 제시하고 있는 실전기술들을 최대한 빨리 사내에 적용할 생각이다.

– 진재승 (유한킴벌리 대표이사)

　세상을 살아가는 지혜를 얻는 방법은 두 가지가 있다. 하나는 책과 연구논문을 통한 학습, 즉 북 스마트(Book smart)이고, 또 다른 하나는 실제 경험을 통한 지식과 지혜의 습득, 즉 스트리트 스마트(Street smart)이다. 북 스마트와 스트리트 스마트를 모두 겸비한 조직관리 분야의 대가, 신경수 대표의 책에서 대격변의 시대에 살아남을 수 있는 최강조직을 만들 비법을 발견할 수 있다. 무엇보다도 당장 현장에서 사용 가능한 실전기술들로 구성이 되어 있다는 점에서 조직관리에 고민하고 있는 현장의 책임자들이 읽으면 큰 도움이 될 듯하다.

– 조영탁 (휴넷 대표이사)

조직문화로 유명한 신경수 대표가 이번에는 리더십과 관련한 책을 집필하였다. 첫 장을 열면서 그가 왜 리더십을 화두로 꺼내고 있는지를 이해했다. 경쟁력 있는 조직문화를 만들기 위해서는 리더들의 역량이 우선 올라가야 하는데, 이게 말처럼 쉽지가 않기 때문이다. 이 책은 다양한 에피소드와 연구논문을 통해 해결의 실마리를 제시하고 있다. 그런데 그 방법이 참 구체적이고 설득적이다. 지금 당장 현장에서 쓸 수 있는 실전기술을 많이 담고 있어서 조직관리에 고민하는 리더들이 읽으면 큰 도움이 될 듯하다.

– 양형남 (에듀윌 회장)

조직의 최고 책임자로서 항상 갈증을 느끼고 있는 대목이 역량있는 리더의 발굴과 육성이었다. 하지만 현실은 항상 많은 어려움을 느끼게 만들었다. 당장 눈앞의 과제해결이 우선이라는 현실적인 고민도 있었다. 하지만 무엇보다도 기존의 리더육성에 대한 가이던스가 실제와는 조금 동떨어진 느낌이 많았기 때문에 어려움의 깊이가 더 크지 않았나 생각한다. 고민의 와중에 이 책을 접하게 되었다. 일선 부서장에게 필요한 조직운용의 테크닉을 잘 정리했다고 생각한다. 조직문화로 이름을 알린 신경수 대표가 쓴 글이기에 더 신뢰가 간다.

– 윤성태 (휴온스그룹 부회장)

조직을 이끌면서 머릿속에서 떠나지 않은 궁금증이 있었다. 모티베이션이다. "본인의 의지로 자발성을 가지고 업무를 추진하게 만드는 방법은 없나?"하는 생각은 조직을 이끄는 리더라면 누구나가 갖는 생각일 것이다. 해결책을 찾지 못하고 고민만 늘어나는 와중에 이 책을 접하게 되었다. 좀더 일찍 이 책을 만났더라면… 하는 생각이 들었다. 같이 일하는 사람들의 심리를 이해하는 데 큰 도움이 되었다. 이 책은 조직관리에 대한 구체적인 방법들을 현장의 사례와 함께 제시하고 있는 점이 특징이다. 현장력이 돋보이는 책이라 생각하며 기쁜 마음으로 모두에게 독서를 권유한다.

– 한경희 (한경희생활과학 대표이사)

변화가 심하고 불확실성이 높은 환경일수록 리더의 역할은 더욱 커진다. 기업에 있어 최근의 환경은 변화의 패턴을 예측하기도 쉽지 않을 뿐만 아니라 변화의 주기도 일정하지가 않다. 이러한 환경에서 조직이 가질 수 있는 가장 효과적인 전략의 하나는 조직의 기본역량과 조직 민첩성을 평소에 기르는 것이다. 그런데 기본역량의 중심은 사람이다. 그리고 사람을 리드하는 사람이 리더이다. 저자는 이 책에서 스마트한 리더가 어떻게 이러한 환경변화에 효과적으로 대응할 수 있는지를 오랜 경험을 바탕으로 군더더기 없이 제시하고 있다.

– 변연배 (우아한형제들 인사총괄임원)

Part 1
멤버 육성

Part 2
팀워크 향상

Part 3
위기관리

Part 4
성과관리

Part 1

멤버 육성

01 관리보다
교감이 우선이다

경주시청 소속의 철인3종경기 최숙현 선수가 코치와 감독의 구타와 폭언에 시달리다 이를 견디지 못하고 2020년 6월 26일 세상을 떠났다. 처음 뉴스를 접하고 안타까운 마음이 들었다가 동시에 참으로 어처구니없다는 생각으로 이어졌다. 아무리 체육계라고 하지만 아직도 구타와 폭언으로 선수를 훈련시키는 사람이 있다는 사실이 거짓말처럼 느껴졌다. 그러나 세상에 공개된 최 선수의 일기장을 보면 구타와 폭언은 아직도 그 세계에 존재하는 선수 트레이닝의 정석인 것처럼 보이고 이를 신봉하는 이들이 여전히 존재하는 듯하다.

그러나 이는 대단히 잘못된 생각이다. 얼마 전에 종료된 도

쿄올림픽의 예를 들어보겠다. 우리 국민에게 큰 감동을 안겨준 양궁이나 펜싱, 여자배구 선수들의 모습을 떠올려보자. 메달 소감을 묻는 기자들의 질문에 선수들은 하나같이 "정성을 다해 우리와 함께한 코치 감독님께 먼저 감사드린다."고 말했고, 그 모습이 TV를 통해 생중계된 적이 있다. 선수들은 하나같이 코치진의 자상함 친근함 덕분에 힘든 훈련이 오히려 재미있고 즐거울 때가 많았다고 자랑했다.

특히 양궁과 관련하여 선수들의 선발방식이나 훈련방식, 그리고 단체생활에 임하는 그들의 자세 등과 같은 것들이 언론을 통해 상당히 많이 소개되었다. 이는 아마도 대한민국을 넘어 세계를 놀라게 한 그들의 실력과 실적 때문일 것이다. 양궁팀에 관련한 뉴스기사를 접하면서 그들은 참으로 독특한 뭔가의 레거시(그들만의 특별한 역사)를 가지고 있구나 하는 생각이 들었다. 그리고 이런 역사를 처음 만든 이가 누구인지에 대한 궁금증이 일었다. 관련 자료를 뒤지던 중에 지금의 천하무적 양궁팀의 초석을 다진 이가 서거원 감독이라는 사실을 발견했다.

지금은 대한양궁협회 전무이사로 근무하고 있는 서거원 전무는 25년간 한국 양궁의 세계1등 신화를 만들어낸 입지전적인 인물이다. 그는 비인기 약체로 꼽히던 대한민국 양궁팀 대표코치를 맡아 1988년 남녀단체전과 개인전의 전 종목 금메달을 석권하면서 대한민국 양궁의 새로운 역사를 써 내려가기 시작했다. 1990년 북경 아시안게임과 1994년 히로시마 아시안

게임에서는 국가대표 감독을 맡아 전 종목을 석권했다.

　그리고 2004년 그리스 아테네 올림픽에서는 3개의 금메달을 획득한다. 이것이 상당히 가치 있는 이유는 당시 우리나라가 획득한 금메달의 개수가 총 9개인데 그중에서 3개가 양궁에서 나왔기 때문이다. 이처럼 서거원 전무는 한국 스포츠계에 전무후무한 공헌을 한 인물이라고 말할 수 있다.

　그렇다면 서 감독은(당시의 호칭으로 부르겠다) 어떻게 선수들의 기량을 이렇게 끌어올릴 수 있었을까? 그분이 선수들을 이끈 리더십이 참으로 교과서적이다. 서 감독을 잘 아는 사람들이 말하는 그의 대표적인 특징이 원칙과 솔선수범, 그리고 소통이었다고 한다. 다음은 이 세 가지 리더십과 관련된 에피소드다.

　첫 번째 에피소드– 원칙 : 그는 상당히 원칙주의자이고 그가 세운 원칙에 위배되는 행동은 누가 무슨 말을 해도 듣지 않았다고 한다. 원칙을 가지고 선수선발을 했으며, 이런 원칙을 가지고 선수들을 이끌었기에 20여 년 동안 잡음 없이 국가대표 선수들을 이끌 수 있었을 것이다. 국가대표팀 정도의 감독에 있으면 정치인이나 관료, 경제계 등의 힘 있는 곳에서 선수들의 선발이나 활용과 관련하여 다양한 청탁이 들어오기 마련이다. 이런 상황에서 확실한 원칙을 가지고 기준을 정해두지 않으면 상황에 따라 흔들릴 수밖에 없다. 상황에 따라 변하는 리더십은 사람들에게 신뢰를 줄 수 없다.

두 번째 에피소드 - 솔선수범 : 그는 무슨 일이든지 지시하기에 앞서 항상 자신이 먼저 경험하고 시범을 보여주는 행동을 취했다고 한다. 작게는 출근시간이나 주변청소부터 시작하여 크게는 야간행군이나 번지점프와 같은 독특한 훈련방식의 도입에 이르기까지 지시하기보다는 함께하는 지도자의 모습을 보여주려 노력한 것이다.

한번은 담력을 키워 주기 위한 방법의 일환으로서 번지점프를 훈련방식으로 선택했다고 한다. 그런데 한 선수가 고소공포증 때문에 도저히 뛰어내리지 못하겠다고 했다는 것이다. 그러자 서 감독은 그 선수를 설득하기 위해 무려 9번을 본인이 직접 뛰어내렸다고 한다. 나중에 언론 인터뷰에서 "나도 고소공포증이 있어서 조금 무서웠다."라고 말한 것을 들으면서 솔선수범이란 이런 것이구나 하는 생각을 한 적이 있다.

세 번째 에피소드 - 소통과 애정 : 서 감독은 항상 새로운 방식의 훈련스타일을 선호했다. 그리고 새로운 훈련스타일의 도입과 적용에 있어서도 직접 체험해보는 것을 주저하지 않았다. 그는 선수들과 같이 직접 체험해보는 훈련방식을 무척이나 좋아했다. 같이 느끼고 같이 경험하는 '감독-선수 일체형' 생활습관을 통해 가족 같은 팀의 모습을 가져가고 싶었기 때문이었다고 한다. 그래서 선수들의 환경을 이해하고 그들과의 커뮤니케이션을 늘려가기 위한 아이디어 발굴에 항상 고민했다는 것이다.

아래는 서 감독이 선수육성에 있어서 중요하게 생각했던 5가지 원칙이다.

1. 매니지먼트보다 교감이 우선이다.
2. 반드시 수치로 된 목표를 주어야 한다.
3. 심성이 안 좋은 친구는 조직을 망친다.
4. 자신의 생각을 자유롭게 말할 수 있어야 한다.
5. 약속을 지키고 해야 할 일을 하는 것만으로도 팀은 강해진다.

위에 열거한 육성원칙을 조금 풀어보면 다음과 같이 해석할 수 있다. 리더는 관리보다는 교감을 먼저 해야 하고, 성취감을 주기 위해 반드시 정량적 목표를 만들어주어야 한다. 또한 기본적으로 심성이 좋지 않은 친구는 동료들로부터 멀어지게 해서 조직이 악성 바이러스에 전염되는 것을 막아주어야 한다. 그리고 동료들끼리는 격의 없이 대화가 오고 갈 수 있는 트인 조직문화를 만들어주어야 한다.

또한 무엇보다도 약속과 원칙을 중요시 여겨야 한다. 이런 활동들의 결과로서 나오는 것이 바로 '신뢰'다. 이런 활동을 통해 실력에 대한 신뢰와 함께 정서적인 안정감이 생겨나게 되는 것이다. 이것은 리더를 위한 신뢰라기보다는 현장에서 같이 생활하는 동료를 위한 신뢰이며, 이런 분위기를 만드는 주인공은 바로 현장의 리더들이라고 서 감독은 생각한 것이다. 서 감독이 궁극적으로 지향했던 조직의 모습은 동료 간의 뜨거운 팀워크였다. 그런 팀워크를 만들기 위해서 팀원들 간의 활발한 커뮤니케이션을 강조했고, 그런 분위기를 만들기 위해 본인이 앞장서서 선수들과 한몸이 되려고 노력했던 것이다.

서 감독은 소통의 의미를 정확히 알고 있었다. 팀워크 향상을 위해 필요한 것은 위와 아래의 소통보다도 팀 멤버 상호간의 횡적인 커뮤니케이션의 증가다. 멤버 상호간의 양적인 소통이 늘어나다 보면 서로의 마음을 읽을 수 있는 소통의 질도 자연히 올라가게 되어 있다. 이런 변화의 중심에 있는 이가 바로리더들이며, 그들의 주도로 멤버 상호간의 신뢰도 또한 자연스럽게 올라가게 되는 것이다. 반면, 불통의 리더는 본인 주도로모든 일을 처리하기를 원하고 뜻대로 일이 진행되지 않을 때는신경질적인 반응을 보이곤 한다.

무능한 리더가 신경질적이다

실제로 무능한 리더일수록 소통보다는 완력을 행사한다는연구결과가 있다. 미국 남가주대학의 나다니엘 페스트Nathanael Fast 교수는 논문 「When the Boss Feels Inadequate 2009」에서 '리더가 무능할수록 자신의 무능함을 감추기 위해 공격적인 성향을 보인다'고 말했다.

〈연구방법〉

페스트 교수는 다양한 직업을 가진 성인 90명을 모아서 그들을 대상으로 무능함과 공격성의 상관관계를 알아보는 실험을 했다. 패스트 교수는 우선 실험에 참가한 사람들을 두 그룹으로 나눠 첫 번째 그룹에게는 과거에 타인에게 큰 권력을 행사했던 경험을 글로 쓰게 했다. 그리고 두 번째 그룹에게는 타인에게 굴종했던 기억을 쓰도록 했다. 참여한 사람들에게 과거에 뛰어난 능력을 발휘했던 기억과 무능함을 느꼈던 기억을 떠올리면서 그 때의 상황을 적게 했다.

그리고 각자가 인지하는 자신의 권력수준과 스스로 인지하는 자신의 역량, 다른 사람에 대한 공격성 등을 측정하게 했다. 그런 다음 학생이 문제를 틀릴 때마다 그에게 틀렸음을 알려주기 위한 경고음의 데시벨을 선택하게 했다.

〈연구결과〉
우선 각자가 써낸 설문의 결과를 토대로 능력자 그룹과 무능

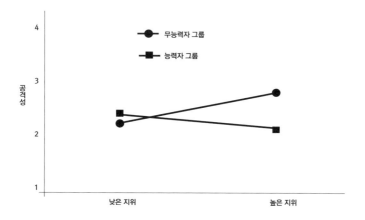

력자 그룹으로 나누어 그들이 어떤 데시벨을 눌렀는지 관찰했다. 그랬더니 높은 지위에 있던 사람들은 무능력자로 진단된 사람들 쪽에서 더 높은 데시벨을 선택하는 경향이 있음을 발견했다. 즉, 권력적인 지위에 있는 사람들의 경우 능력자는 덜 공격적이 되고 무능력자는 더 공격적 성향을 보인다는 것이다.

한편 낮은 지위에 있었던 사람들은 능력자나 무능력자나 공격적 성향에는 거의 차이가 없었다. 낮은 지위에 있는 사람들은 능력이 있건 없건 타인을 대하는 태도에 차이가 없다. 반면, 높은 지위에 있는 사람들은 두 가지 성향으로 나누어진다. 정말 실력이 있는 사람들은 타인을 온화하게 대하지만 실력이 없는 사람들은 신경질적으로 구성원을 대한다는 것을 의미한다.

실력이 있고 자신감이 높은 리더일수록 팀 내 쌍방향 커뮤니케이션이나 소통을 강조한다. 지속적인 성과향상은 내부 멤버들의 의지에 의해서 이루어진다는 사실을 잘 알고 있기 때문이다. 리더의 역할은 처음에 길을 열어주고 다음의 것들은 멤버들에게 맡겨야 한다는 생각을 강하게 가지고 있다.

미국 하버드대학의 보리스 그로이스버그Boris Groysberg 교수는 2012년 HBRharvard business review에 조직 내에서 소통이 어떻게 이루어지는가에 대한 탐색적 연구논문을 실었는데, 그는 논문에서 다음과 같이 말했다.
"우리는 뉴욕, 시카고 등의 직원 100여 명 정도 되는 회사 몇

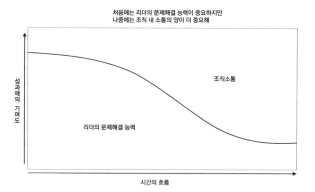

처음에는 리더의 문제해결 능력이 중요하지만
나중에는 조직 내 소통의 양이 더 중요해

조직소통

리더의 문제해결 능력

성과에의 기여도

시간의 흐름

군데를 선정해서 개인별로 마이크를 달고 일주일간 누가 무슨 말을 얼마나 많이 하는지를 추적했다. 사람들이 처음에는 마이크에 신경을 쓰다가 시간이 지나면서 점차 익숙해지고 일상적인 대화를 하기 시작했다."

그리고 그는 성과가 높은 조직과 성과가 낮은 조직의 차이를 이렇게 설명했다. "성과가 낮은 조직일수록 리더의 말 점유율이 두드러지게 높았고, 성과가 높은 조직일수록 구성원 각자의 말 점유율이 공평하게 이루어져 있었다."

연구의 결과에 따르면 리더의 소통에 대한 노력이 크면 클수록 시간이 지나면서 점진적으로 조직성과는 높아가는 반면, 리더가 불통이면 시간의 경과와 함께 조직성과 또한 추락해간다는 것이다.

그는 조직이 구성되는 최초에는 리더에게 가장 크게 요구되는 것이 문제해결능력이라고 정의했다. 이제 막 셋업된 조직에

부하가 바라는 상사의 모습 (중복응답)

순위	팀장이 바라는 상사	중시도	팀원이 바라는 상사	중시도
1	방향성을 제시하는 상사	44.7%	부하의 목소리에 귀 기울이는상사	60.3%
2	솔선수범 책임감이 강한 상사	41.4%	솔선수범 책임감이 강한 상사	46.1%
3	부하의 목소리에 귀 기울이는 상사	40.3%	계획을 제시하고 끝까지 이끄는 상사	35.1%
4	계획을 제시하고 끝까지 이끄는 상사	39.1%	부하의 성장을 고려하면서 업무지시를 하는 상사	33.7%
5	부하의 성장을 고려하면서 업무지시를 하는 상사	28.9%	방향성을 제시하는 상사	20.1%

게 있어서 산적한 과제를 해결해가기 위해서는 리더의 탁월한
업무처리능력이 절대적으로 필요해서일 것이다. 그러나 어느
정도 시간이 지나면 팀원들의 노력에 의해서 조직이 움직여야
한다. 그들의 대화, 그들의 의견, 그들의 생각이 중심에 서야 한
다.

　리더의 입장에서 어떤 태도를 취해야 하는지는 중요하다. 이
와 함께 리더를 따르는 사람들의 생각도 중요하다. 리더십이란
주변에 미치는 영향을 의미한다고 했다. 이 말은 주변에 있는
사람들이 어떤 리더십을 원하는지를 잘 알아야 한다는 말이기
도 하다. 마침 이와 관련된 자료가 있어 소개하고자 한다.
　상기의 도표는 '조직 내 바람직한 리더상'이라는 제목으로
직원들이 원하는 리더상에 대해 직급별로 조사한 자료이다. 왼
쪽은 팀장이 바라는 경영진의 이미지이고 오른쪽은 팀원들이
바라는 팀장의 이미지다. 팀장이 바라는 리더의 모습은 방향성
을 제시하는 상사(46.7%)가 가장 높았다.

반면, 일반 팀원들의 입장에서 가장 이상적으로 생각하는 리더의 모습은 부하의 목소리에 귀 기울이는 상사(60.3%)로 나타났다. 그리고 이어지는 2순위의 리더상은 직책에 관계없이 솔선수범으로 나왔다. 나는 힘들어서 하지 않으면서 자신의 부하나 후배에게 시키는 상사의 모습을 최악이라고 생각한다는 의견이라고 말할 수 있다.

나는 이 글의 제목을 '관리보다는 교감이다'라고 설정했다. 이유가 있다. 글의 서두에서 언급했듯이 세계최고를 자랑하는 위대한 양궁대표단을 보면서 그 힘의 비밀이 궁금했는데, 그 이유를 알게 된 것이다. 그 시작은 바로 서거원 감독이었다. 그분의 선수육성 1호 항목에 내 마음을 뺏겨버렸다.

조직 관리에 고민하는 많은 분들에게 서거원 감독의 매니지먼트 스타일을 추천하고 싶다. 어려운 멤버관리의 해법을 서 감독의 선수육성 방식에서 찾아보면 어떨까? 그분의 리더십 스타일에서 힌트를 얻고 응용해서 자신의 것으로 만들어 실천으로 옮기면 조직분위기에도 상당한 변화가 있을 것이다.

1. 리더십은 조직의 발달상황에 따라 바뀌는 것이다. 초기에는 상황 판단력이 중요하지만 일정의 시간이 지나면 '공감리더십'이 더 중요하다. 무능력한 리더일수록 지위가 올라가면서 주변에 더 신경질적 반응을 보인다. 나는 어떤 성향에 있는지를 확인해 보는 것도 필요하다.

2. 무능력한 리더일수록 지위가 올라가면서 주변에 더 신경질적인 반응을 보인다. 나는 어떤 성향에 있는지를 확인해 보는 것도 필요하다.

02 회사는
단지 일만 하는 곳이 아니다

얼마 전에 유럽에 본사를 둔 외국기업으로부터 코로나 이후 재택근무의 유지에 대한 질문을 받았다. 100여 명이 조금 안 되는 인원으로 자동차, 버스, 선박에 들어가는 엔진관련의 부품을 공급받아 판매하고 있는 회사의 관리임원이라고 본인을 소개했다. 제품생산이나 기술개발은 본사에서 전부 담당하고 있으며 한국법인은 주로 고객에 대한 제품영업과 기술지원만을 책임지고 있다고 한다. 코로나를 지나면서 앞으로는 사무실 출근이 거의 사라질 전망이라 재택을 하면서도 조직력을 높일 수 있는 방법에 대해 물어 온 것이다.

외국기업을 중심으로 많은 기업들이 재택근무를 선호하는

분위기에 편승해 있다. 이유는 크게 두 가지다. 첫 번째는 재택을 해봤더니 생산성에 크게 변화가 나타나지 않았기 때문이다. 오히려 성과적인 측면에서는 더 좋은 결과가 나오기도 했다. "구태여 회사 출근을 지시할 필요가 있나."하는 회의감이 드는 건 당연한 현상이다. 그런데 이건 어찌 보면 예측된 결과일 수도 있다. 업무 이외에는 소모적인 시간낭비가 전혀 없기 때문이다.

생각을 해보자. 크게 두 가지 측면에서, 회사로 출근하는 것에 대해서는 먼저 정신적인 피로도를 증가시키는 원인을 생각해 볼 수 있다. 인간관계 때문에 발생하는 피로도와 출퇴근 때문에 소모되는 정신적 신체적 피로도 때문이다. 아무리 좋은 직장도 사람과 사람이 어우러져 생활하는 이상 인간관계에 신경을 쓰지 않으면 안 되는 것인데, 위아래 사람에 대한 눈치를 보지 않아도 되니 얼마나 정신적으로 편안한 상태가 되겠는가? 거기에 더해 출퇴근에 겪게 되는 대중교통 지옥에서도 해방이 되고, 집에서는 다른 신경 안 쓰고 일만 하면 되기 때문에 결과는 더 좋게 나올 수밖에 없다.

기업으로 하여금 재택근무를 선택하게 만드는 두 번째 이유는 당연히 리스크로부터의 해방이다. 혹시나 회사에 출근하여 코로나라도 걸리게 되면 사무실 전체가 폐쇄되는 등의 총체적인 난국에 휘말리게 되기 때문이다. 무엇보다도 이런 지경이 되면 그 책임을 기업이 져야 한다. 하지만 재택근무는 혹시나 감염병에 해당 직원이 걸리더라도 기업의 책임은 없다. 오히려 재택의 상황에서 함부로 장소이동을 해서 감염병에 걸린 해당 직원이 모든 책임을 지기 때문에 기업으로서는 리스크 매니지 먼트가 가능해지는 것이다.

여기까지만 보고 판단을 내린다면 '재택근무가 최고의 근무 방식'이라고 말할 수도 있을 것이다. 코로나가 지나도 재택근 무를 계속 이어가겠다고 말하는 기업들도 적지가 않으니까. 하지만 누가 나에게 의견을 물어 온다면 나는 '1년 이상의 재택은 재앙을 부를 것이다.'고 말을 하고 싶다. 무슨 근거로 그런 단정 적인 말을 하냐고? 이유는 간단하다. 인간은 기본적으로 사회 적동물이기 때문이다. 무리를 지어서 사는 습성을 수만 년 동 안 이어오고 있는 동물인데, 무리에서 떨어져 나가 혼자 살라 고 한다면 고독을 즐기는 사람이 아니라면 다른 무리로 옮겨가 는 현상이 생길 것이다. 이점을 충분히 감안하고 재택의 연속 성을 계획하기 바란다.

그런데 얼마 전, 미국의 다국적 금융회사인 JP모건체이스(이 하 JP모건)가 나의 이런 생각을 지지해 주는 전사적인 공고를 하 나 발표했다. 재택근무 도입 이후 나타난 생산성 하락을 이유 로 대부분의 직원들에 대한 사무실 복귀 명령을 내린 것이다. 국내외 다수 기업들이 재택근무로 업무효율과 생산성이 크게 손상되지 않는다는 결론을 내린 것과는 상반된 결론이다.

JP모건과 외부 협력업체의 조사 결과에 따르면 재택근무를 하는 직원들은 특히 월요일과 금요일에 생산성 저하가 두드러진 것으로 나타났으며, 원격 근무의 환경으로 인해 종종 유기적인 상호작용에 어려움을 겪는 경우가 많았다고 한다. 특히 재택근무 이후 젊은 직원들이 가장 큰 영향을 받고 있다는 분석이 나왔다. 다른 직원들과 사무실을 공유하지 않게 되면서 '배울 기회를 놓치고 있다는 것'이다. 마이클 푸스코 JP모건 대변인은 이메일 성명을 통해 '젊은 직원들이 다양한 기회를 놓치고 있는 것도 사실이지만, 업무효율 감소는 젊은 직원뿐만 아니라 전체 직원들 사이에서의 광범위한 현상'이라며 사무실 복귀명령에 대한 사유를 밝혔다.

직원들을 사무실로 불러들이려는 이유가 비단 '기회의 제공'에 있는 것만은 아니다. 여럿이 함께 하는 자리를 마련하려는 궁극적인 목적은 사람들을 즐겁게 해주기 위함에 또 다른 목적이 있다. 함께하는 즐거움이 구성원들로 하여금 조직으로 향하는 애정도를 올려주는 데 도움이 되기 때문이다.

그렇다면 즐거움이란 언제 일어나는 것일까? 미국 뉴욕에 있는 보노벤처대학의 찰스 워커Charles Walker 교수는 자신의 논문 「Experiencing Flow: Is Doing It Together Better Than Doing It Alone? 2010」에서 "사람들은 혼자보다는 여럿이 함께할 때에 훨씬 행복감이 늘어난다."고 말했다.

<연구방법>

워커 교수팀은 일단 실험을 위해 대학생을 모집하고 다음 두 개의 게임을 대상으로 학생들이 느끼는 감정의 흐름에 대해 알아보기로 했다. 한 무리의 학생들에게는 게임의 난이도가 다소 높아서 약간의 테크닉을 요구하는 패들볼 게임paddleball game에 참여시켜 보았고, 다른 무리의 학생들은 누구라도 바로 플레이를 할 수 있을 정도로 난이도가 낮은 피클볼 게임pickleball game에 참여시켰다.

1차로 진행한 패들볼 게임은 약간의 테크닉을 요구하는 게임이었으므로 게임에 들어가기 전에 충분한 코치와 연습이 시행되었다. 충분한 연습시간이 끝나고 학생들은 2인1조로 게임을 하게 하기도 하고, 개인플레이로 게임에 참여하기도 했다. 그리고 그들이 느끼는 감정의 흐름을 표시하게 했다. 2차 게임은 난이도가 다소 낮은 피클볼 게임이었다. 모든 흐름은 1차 때와 비슷하게 설정하였다.

<연구결과>

다음 페이지의 결과는 2개의 게임에서 얻은 다양한 항목 중에서 그들이 느낀 즐거움의 정도만을 따로 떼어내서 그래프로 표시해본 것이다. 2인1조로 플레이를 했을 때 느낀 즐거움의 정도가 개인플레이 때보다도 훨씬 높게 나와 있는 사실을 알수가 있다.

그래프의 우측에 표시되어 있는 동일집단항목은 학생들이

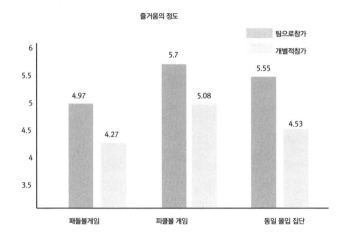

즐거움의 정도

팀으로참가
개별적참가

게임에 참여하기 전에 스스로에 대해 느끼는 몰입지수가 동일
하게 나온 11명의 학생들의 결과치를 표시한 것이다. 혹시나
게임의 종류에 따른 개인적인 선호도나 팀플레이 개인플레이
등의 개별적 선호도와 같은 바이어스bias가 들어간 것은 아닌
지, 염려 때문이다. 몰입의 동일지수를 가진 학생들의 것을 따
로 떼어내서 그들이 느낀 즐거움의 정도를 따로 표시한 것이
다. 실험 전의 몰입지수가 같은 학생들의 경우에도 팀플레이의
즐거움이 개인플레이 때보다 훨씬 높게 나왔다.

회식의 본질적 목적

여럿이 무엇인가를 한다는 것은 분명 배움의 상황에서도 그
렇고 조직분위기를 살리는 데 있어서도 그렇고 큰 도움이 된
다. 이런 상황을 만들고자 하는 조직의 노력이 절실히 필요한
시기이다. 여기서 가장 많이 이용되는 이벤트가 회식이다. 물

론 지금은 코로나의 와중이라 전체회식은 꿈도 꿀 수 없는 상황에 있는 건 사실이다.

한때는 조직 내 분위기를 살리기 위한 하나의 방법으로 회식은 큰 인기를 끌었다. 그런데 이것이 언젠가부터 부정적인 여론이 생기면서 조금씩 기피하고 있는 현상이 발생했다. 우선 가까이서 쉽게 할 수 있는 회식이라는 문화를 조직분위기 개선에 활용하기 위해서는 중요한 선결과제가 있다. 회식에 대한 부정적인 인식을 바꾸어 주는 것이 우선이다.

그래서 한번 조사해보았다. 왜? 회식문화를 기피하고 있는지, 그 속내를 알아보기 위해서 고객사의 직원들을 상대로 설문조사를 해본 것이다. 조사는 30·40대가 주류를 이루고 있는 어느 물류회사의 직원 210명을 대상으로 코로나 이전에 실시한 것이다.

전체적으로는 회식에 대한 긍정적 반응이 많았다. 응답한 사람들의 76%가 조직 활성화에 도움이 된다고 답을 했고, 부정적

1. 회식은 부서 단합이나 조직력 향상에 도움이 된다고 생각하십니까?

■ 매우 부정적이다　■ 부정적이다　■ 모르겠다　　긍정적이다　■ 매우 긍정적이다

| 1% | 7% | 15% | | 52% | |

0%　10%　20%　30%　40%　50%　60%　70%　80%　90%　100%

2. 회식을 통해 얻게 되는 장점은 무엇이라 생각하십니까?

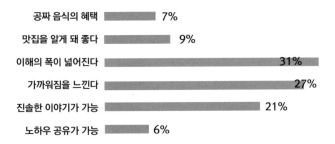

공짜 음식의 혜택 ▬ 7%
맛집을 알게 돼 좋다 ▬ 9%
이해의 폭이 넓어진다 ▬ 31%
가까워짐을 느낀다 ▬ 27%
진솔한 이야기가 가능 ▬ 21%
노하우 공유가 가능 ▬ 6%

3. 회식 자리에 함께 하고 싶은 직장 동료는?

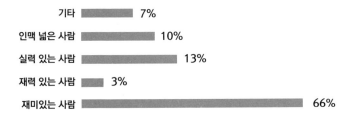

기타 ▬ 7%
인맥 넓은 사람 ▬ 10%
실력 있는 사람 ▬ 13%
재력 있는 사람 ▬ 3%
재미있는 사람 ▬ 66%

4. 회식 자리에 함께하고 싶지 않은 직장 동료는?

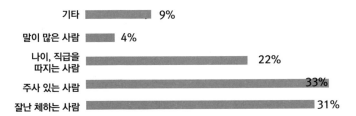

기타 ▬ 9%
말이 많은 사람 ▬ 4%
나이, 직급을 따지는 사람 ▬ 22%
주사 있는 사람 ▬ 33%
잘난 체하는 사람 ▬ 31%

의견은 8%에 불과하다. 다음으로는 회식의 장점에 대한 질문이다. 가장 크게 공감을 이끌어 낸 응답이 아래 3개다. 이해의 폭(31%), 가까워져서(27%), 진솔한 이야기(21%), 즉 심리적 거리감을 좁혀주는 역할에 대한 기대가 79%를 차지한다.

다들 회식문화를 긍정적으로 생각하는데 왜 회식하자고 하면 꺼려하는 사람들이 많은 것일까? 이유는 위의 그래프에도 담겨 있지만 직장에서의 회식은 너무 심각하기 때문이다. 서로 간의 마음의 거리를 좁히기 위한 목적으로 회식자리에 참석하는 건데 부서장이나 팀장은 계속 회사이야기만 하고 있다. 그러면 누가 좋아하겠는가? 그래서 "부서회식은 일찍 끝내고 우리끼리 한잔하자!"는 주니어 그룹들이 늘어나는 것이다.

어떤 회식을 원하는지, 어떤 사람과 함께 회식자리에 있고 싶은지는 위에서 제시한 '회식자리에 함께하고 싶은 동료, 함께하고 싶지 않은 동료가 누구인지'에 대한 결과 그래프를 참고로 해주기 바란다. 보면서 느껴지지 않는가? 직원들이 뭘 원하는지, 혹시나 회식하자는 부서장의 말에 젊은 친구들이 "저, 술 끊었는데요!"라고 대답한다면 지금까지 해왔던 회식방식을 전면적으로 뜯어 고칠 시기가 된 것이다.

이처럼 '사람과 사람 사이의 관계'라는 것은 세상을 살아가는 데 있어서 정말 중요한 요소다. 평생을 인간의 행복연구에만 매달려온 미국 하버드 의대의 로버트 왈딩거Robert

Waldinger 교수 또한 인간의 행복은 '관계'에서 나오는 것이라고 말한다. 왈딩거 교수는 하버드대학내 성인발달연구소에서 4대째 인간의 행복에 대한 연구를 진행하고 있는 분이다.

하버드 성인발달연구소에서는 두 개의 집단을 대상으로 80년간 생애 행복주기를 관찰하고 있다. 그 두개의 집단은 80년 전의 하버드대 2학년 학생들과 보스턴의 빈민가에서 자란 아이들이다. 두 개의 집단 총 724명의 인생을 추적하며 행복에 대한 인생 연구를 하고 있는데, 이 연구 결과 노년의 행복을 결정하는 것은 바로 사람과 사람사이의 '관계'에 있다는 사실을 밝혀낸 것이다.

특히 50대에 사람들과의 관계에 대한 만족도가 가장 높은 사람들이 80대에 가장 건강하고 행복한 삶을 살고 있다고 보고했다. 고독은 중년기 건강을 더 빨리 악화시키고, 뇌 기능이 일찍 저하되며 외롭지 않은 사람들보다 수명도 짧게 만든다는 것이다.

왈딩거 교수는 이러한 연구를 정리해서 TED에서 강연을 했다. 강연에서 그는 다음과 같이 말했다. "관계맺기란 골치 아프고 복잡합니다. 그리고 가족과 친구를 열심히 챙기는 건 매력적이거나 멋진 일도 아니지요. 게다가 이건 평생 동안 계속 해야만 합니다. 끝도 없습니다. 그런데 관계에 공을 들이는 건 어떤 효과가 있을 것 같은가요? 80년 동안 우리의 연구는 거듭해서 보여주었습니다. 가장 행복한 사람들은 그들이 의지할 가족과 친구 공동체가 있는 사람들이라는 것을 말입니다."

왈딩거 교수는 초기 관찰대상자가 되었던 사람들의 아이들, 그리고 그 아이들의 아이들에 대한 연구로 행복연구를 이어가고 있다. 그는 지금도 '사람들 사이의 관계가 행복의 근원'이라고 여전히 주장하고 있다. 마찬가지로 JP모건이 직원들을 출근시키려는 이유도 관계에 의해서 배울 기회가 늘어나기 때문이라고 말했다.

그런 관계를 제공하는 것이 회사이기 때문에 직원들을 회사라는 장소에 모아야 한다고 주장하는 사람들이 많은 것이다. 회사라는 장소가 단지 일만 하는 곳은 아니라는 것이다. 직원들을 학습시키고 성장시키고 지혜를 얻게 하는 역할도 동시에 가지고 있는 곳이라고 생각하는 것이다.

이야기를 질문에 대한 답변으로 넘어가 보도록 하자. 지속적인 재택의 이유가 본사의 지시에 의한 피치 못할 상황에 의한 것이라 하더라도 일정한 기준을 마련해 두는 것이 좋다. 어느 상황에서 재택이고, 어느 상황에서는 출근인지에 대한 확실한 규정사항을 만들어 공표해야 할 것이다.

그리고 주기적인 온·오프라인 미팅의 시간을 만들어야 한다. 멤버들이 자주 서로의 얼굴을 볼 수 있게 해주어야 하는 것이다. 이제는 그 누구도 회사가 단지 일만 하는 곳이라고 생각하는 사람은 없다. "직원들이 사무실을 공유하지 않게 되면서 배

울 기회 놓치고 있다"는 JP모건의 보고서는 여러가지를 생각하
게 만드는 대목이다.

요약정리

1. 회사는 단지 일만 하는 곳이 아니다. 스킬이나 지식도 중요하지
   만 즐거움을 느낄 수 있는 장소가 되어야 한다.

2. 앞으로는 직원들에게 "얼마나 배움의 기회를 많이 주고 있느냐?"
   가 우수인재 유치에 큰 척도가 될 것이다.

03 저성과자 문제에 적극적으로 개입해야 한다

현장업무를 처리함에 있어서 미숙한 대처로 동료들에게 민폐를 끼치는 멤버들이 가끔 보이곤 한다. 업무라는 것이 가치사슬처럼 연계되어 있어서 누구 하나가 제대로 자신의 일을 처리해 주지 못하면 다른 사람들까지도 큰 피해를 볼 수밖에 없는 구조이다. 때문에 이런 친구들을 부담스럽게 여기는 사람들도 늘어나고 있다. 이런 친구들을 어떻게 해야 할지 고민에 빠진 관리자들이 늘어나고 있다.

얼마 전에 내가 상대하고 있는 고객사에서 있었던 일이다. 오랜 시간 자문을 해오고 있는 회사인데 나의 상대였던 인사팀장이 갑자기 회사를 퇴사하게 되었다. 시골에 계신 부모님의 가업을 잇기로 했다고 말하면서 퇴사를 한 것이다. 회사에서는 부랴부랴 후임 팀장을 선발했는데 뜻밖에도 서열에서 2·3단계 밀려 있던 과장급 사원을 팀장으로 발탁하는 파격적 인사를 단행했다. 나도 좀 놀랐지만 팀장으로 선임된 당사자도 놀란 모양이었다.

그런데 팀장으로 선임되고 한 달이 될 무렵 이 친구가 나에게 상담을 요청해왔다. 팀장 역할이 너무 부담이 되어서 회사 출근이 우울하다는 말을 했다. 무슨 일이 있느냐는 질문에 "바로 위에 있는 선배가 팀의 방해가 되는 존재인데, 그분에게 업무지시를 하는 입장이 된 상황이라 이래저래 힘든 생활의 연속이에요."라는 뜻밖의 목소리를 들었다. 무슨 뜻이냐고 물어보니, 소위 말해서 '고문관' 같은 선배가 조직 내에 있다는 말을 한다. 후배의 입장일 때는 상대하지 않으면 되는데 이제는 밀접하게 같이 일하지 않으면 안 되는 입장이 되어버렸고 이런 상황이 결코 즐겁지 않다는 푸념이었다.

이 문제는 크게 두 가지 차원에서 접근할 필요가 있다. 첫 번째는 부담스럽게 여기는 동료에 대한 따돌림, 즉 '은따현상(노골적인 따돌림을 의미하는 왕따보다는 은근히 따돌리는 은따라는 단어가 더 적합할 듯하다)'이 생기는 근본적인 이유에 대한 문제이다. 그리고 두 번째는 이들을 어떻게 다루고 관리하는 것이 최선책인가에 대한 문제이다. 이 두 가지 과제를 가지고 저성과자 문제를 짚어보고자 한다.

온라인 취업포털 '사람인'이 직장인 947명을 대상으로 '어떤 사람들이 왕따의 대상인지'에 대해 물어보았다. 사실 여기서 사용한 질문의 표현에 '은따'는 단어를 쓰지 않고 '왕따'라는 단어를 썼다는 것이 조금 놀랍다. 모두가 알지만 쉽게 쓰기 어려운 단어가 '왕따'라는 단어가 아닐까? 사실 '은따 문제', 아니 '왕따 문제'를 사람들이 그리 심각하게 생각하지 못하는 이유는 우리가 잘 느끼지 못하기 때문인데 바로 그 이유가 단어의 선정에 있기 때문이다.

왕따는 뭔가 적극적인 가해행위의 뉘앙스지만 은따는 일상에서 자주 볼 수 있는 소극적인 외면행위를 의미한다. 우리가 직장인들을 대상으로 전자의 단어를 사용할 때는 거의 다 "나는 경험해 본 적도 없고 목격한 적도 없다."는 대답이 압도적이다. 그런데 질문을 바꾸어서 후자의 단어, 즉 '은따'라는 단어를 사용해서 질문을 했을 때는 '우리 주변에서 쉽게 볼 수 있는 문제'라는 답변을 많이 듣는다. 이처럼 용어의 선택이 매우 중요한데, 여기서는 설문에 사용한 단어가 조금 센 어감을 가진 왕따라는 단어를 썼다는 것이 조금 놀랍다.

아무튼 위의 질문에 대해 중복응답의 형태로 다음과 같은 답변이 돌아왔다고 한다. 눈치가 없고 답답한 성격이라서(36.1%), 조직에 어울리려는 노력을 하지 않아서(32.2%), 업무능력이 너무 떨어져서(27.2%), 조직의 의사에 반하는 행동을 해서(21.3%)의 순서이다. 답변의 내용을 보면 전체적인 느낌이 '왕따'가 생기는 이유에 있어서 '조직의 성장에 저해되는 인물에 대한 기피현상'이라는 분위기가 많이 풍기는 것 같다. 답변의 내용들을 보면 우리가 항상 조사하고 있는 '저성과자 문제'와 많이 닮아 있기 때문이다.

이와 관련한 설문결과를 보면, 저성과제 문제의 원인과 관련하여 사람들은 역량/자질부족과 같은 본인의 문제를 많이 꼽는다. 한 가지 특이점이 있다면 저성과자 문제에서 많이 거론된 직무의 미스매칭과 같은 조직의 문제가 은따 문제에 대한 답변에서는 그렇게 크게 거론되지 않는다는 점이 특이점이다. 이는 아마도 은따는 사람과 사람의 관계, 저성과자는 조직과 사람의 관계로 생각하는 관점의 차이 때문일 것이라고 생각한다.

이런 맥락에서 봤을 때, 사실 은따의 원인도 사람과 사람의 관계에서 그 실마리를 찾아볼 수가 있다. 즉 조직의 성과를 방해하는 사람들에 대한 구성원들의 대화기피나 외면이 가장 큰 이유라고 볼 수 있는 것이다. 물론 이 범주에 들어가지 않고 정말 악의적인 상사나 동료 때문에 집단 괴롭힘을 당하는 케이스도 없지는 않을 것이다.

그러나 위에서 제시한 '왕따가 발생하는 이유'에 대한 사람들의 생각이 악의적인 집단 괴롭힘의 성격보다는 성과에 방해가 되는 인물에 대한 기피현상에 있음에 주목할 필요가 있다. 때문에 이 문제는 저성과자 문제로 연계하여 설명하는 것이 좀 더 정확한 해법을 찾지 않을까 여긴다.

그렇다면 동료로부터 외면이나 은따를 받았을 때 사람들은 어떤 심리상태로 빠져들게 될까? 캐나다에 있는 어느 젊은 교수가 이 문제를 가지고 한번 연구해보았다. 같이 일하는 직장 동료들로부터 외면이나 무시를 당할 때 어떤 심리적 변화가 일어나는지를 은따 상황에 놓인 사람들과 보통의 평범한 사람들을 서로 비교해서 분석해본 것이다. 캐나다 메모리얼대학의 존 피셋John Fiset 교수가 발표한 논문 「Workplace Ostracism Seen through the Lens of Power, 2017」이다.

〈연구방법〉

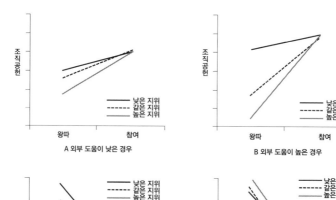

연구는 낮에 일을 하고 저녁에 대학원에 다니는 직장인 301명(남204, 여97)을 대상으로 설문조사의 형식으로 진행되었다. 연구진은 설문에 참여한 사람들에게 조직 내 왕따와 관련하여 지금 현재 본인이 느끼는 인식의 정도를 물었다. 또한 가족이나 친구와 같은 직장외의 사람들에게는 어느 정도 도움을 받을 수 있는지에 대해서도 체크하도록 요청했다. 즉, 사회성의 높고 낮음이 미치는 영향을 알아보고자 한 것이다.

그리고 1주일 후, 연구진은 최초 설문을 제출한 사람들을 대상으로 공익을 위한 조직공헌과 조직무관심에 대해 각자가 느끼는 정도에 대해서도 체크해서 보내달라고 다시 요청했다. 연구진은 1차·2차에 걸친 답변서를 바탕으로 크게 4가지 영역으로 나누어 데이터 분석작업에 들어갔다.

〈연구결과〉

조직공헌- 조직에 도움이 되는 행동을 할 의향이 어느 정도 있는지를 물어보는 것이다. 조직공헌의 정도는 외부에서 도움을 받을 수 있는 상황이 낮은 경우와 높은 경우(사회성의 정도)의 두 가지로 나누어서 분석해보았다.

사회성이 낮은 경우든 높은 경우든 참여집단에 비해 왕따 집단의 조직공헌도는 현저하게 하락되어 가는 모습이 관측되었다. 특히 지위가 높을수록 외부와의 관계성이 높은 사람일수록 내부에서 왕따를 당했을 때 조직공헌에 대한 의욕이 현저하게 떨어져 가는 것을 발견할 수가 있다.

무관심- 조직이나 구성원에 대해 일체의 관심이나 애정을 갖지 않은 상태를 말한다. 무관심과 관련해서는 외부에서 도움을 받을 수 있는 상황에 상관없이 조직 내에서 외면을 받게 되면 무관심의 정도가 급속도로 올라가는 것으로 파악되었다.

이처럼 동료들로부터 거리감을 두고 생활해야 하는 직원의 마음은 여러 가지 복잡한 심정에 놓이게 된다. 원인제공을 누가 했는지도 중요하지만 여기서는 그게 그렇게 중요한 문제로 여겨지지는 않는다. 우선 동료들의 외면에 의해 불안정서와 분노가 일어나고 그게 원인이 되어 더욱더 이상한 행동을 하게 된다.

그래서 다시 동료들의 외면을 받고 이른바 미운털 박힌 행동의 악순환이 일어나게 되는 것이다. 본인에게도 피해이며 같이 일하는 동료들에게도 피해이고 조직에도 피해를 줄 수밖에 없는 구조이다. 그래서 조직은 저성과자 문제를 그대로 내버려 둬서는 안 되는 것이다. 피해가 고스란히 조직으로 돌아오기 때문이다.

저성과자 문제의 주도적 역할은 누구?

그렇다면 사내 은따 문제에 있어서는 누가 주도적인 해결사로 나서야 하는 걸까? 그냥 내버려 두게 되면 조직의 분위기만 흐려지고 본의 아니게 동료를 괴롭히는 나쁜 사람으로 전락해버린다. 사람들은 누구나가 착한사람 콤플렉스가 있기 때문에 동료가 아무리 조직에 방해되는 행동을 해도 직접적인 비판은 하지 않으려 한다. 그보다는 말을 섞지 않는 등의 소극적인 왕따 행위, 즉 은따 행동을 하게 되는 것이다. 이 또한 시간이 길어지면 불편하다. 그래서 누군가가 나서서 빨리 해결해주기를 바라는 것이다.

Q1. 저성과자 문제해결을 위해 주도적으로 나서야 하는 주체는?

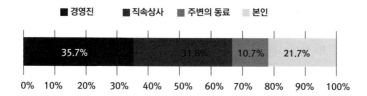

저성과자 문제를 다루는 세미나를 위해서 조사한 설문 결과이다. 이번에는 노골적으로 저성과자라는 단어를 써보았다. 누가 해결에 나서야 하느냐는 질문에 대해 사람들은 경영진과 직속상사를 지목했다. 뭔가 빨리 조치를 취해 달라는 아우성이 들려오는 듯한 느낌이다.

조사하기 전의 예상 답변은 본인이었다. 의외의 결과에 이해가 가지 않아서 추가적으로 개별인터뷰를 해보았다. 그랬더니 "조직에 적응하지 못하는 일부 눈치 없는 직원들 때문에 더 잘할 수 있음에도 불구하고 성장을 못한 채 답보상태다. 회사가 그들에 대해 빨리 적절한 조치를 취해주면 좋겠다."는 답변이 매우 많았다. 즉 '그들이 조직의 성장을 가로막는 장애요인'이라는 인식이 강했던 것이다.

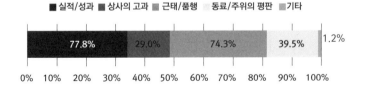

Q2. 저성과자 선정기준으로 적합한 것은? (복수응답)

■실적/성과 ■상사의 고과 ■근태/품행 ■동료/주위의 평판 ■기타

| 77.8% | 29.0% | 74.3% | 39.5% | 1.2% |

0% 10% 20% 30% 40% 50% 60% 70% 80% 90% 100%

이어서 "어떤 기준으로 저성과자를 선별하는 것이 좋겠느냐?"는 추가적인 질문을 해보았다. 사람들은 대부분 '성과(77.8%)와 근태/품행(74.3%)'을 지목했다. 이 부분은 취업포털 '사람인'에서 조사한 '왕따가 생기는 이유'에 대한 결과와도 맥락이 닿아 있는 것 같다.

다시 말해서, 조직에서 왕따 문제는 크게 두 가지 측면에서 복잡하게 얽혀 있는 듯해 보인다. 이성과 감성이다. 머리로는 "동료이기 때문에 도와주어야 한다."는 의식이 있긴 하지만, 그렇다고 "그들 때문에 우리 조직이 뒤쳐지거나 나의 성장과 발전이 정지되는 것은 참을 수 없다."는 가슴의 울림 또한 강하다는 것이다. 아마도 이런 이유가 '왕따가 아닌 은따'의 형태로 나오는 것일 것이다. 현실을 직시하여 사람들의 요구에 귀를 기울일 필요가 있는 대목이라고 생각한다.

그리고 한 가지가 더 있다. 이 문제를 리스크 매니지먼트의 측면에서도 고려할 필요가 있다는 점이다. 결국 왕따의 대상이 된 인물들은 저성과자라는 이름으로 낙인이 찍혀서 뭔가의 불이익을 당할 수밖에 없는 환경에 놓이게 된다. 이 말은 조직차원에서 뭔가의 신속한 조치가 이루어지지 않는다면 대형 사건으로 비화될 가능성이 매우 높다는 의미다. 그냥 방치할 경우 피해자들이 극단적인 방법을 택하는 경우도 종종 있다. 이렇게 되면 남아 있는 동료들이 모든 고통을 떠안아야 한다.

동료들에게 미치는 영향이나 회사가 입는 대외 이미지 등을 고려한다면 사내 은따는 그냥 내버려둘 일이 절대 아니다. 뭔가의 불미스러운 사건이 발생하고 나서 수습에 나선다는 것은 타이밍상으로 너무 늦다. 무엇보다도 회사의 이미지나 대외 신뢰도에도 큰 타격을 입는다. 그래서 리스크 관리라는 단어를 쓴 것이다. 위에서 제시한 직원들의 목소리를 참고로 적절한 대응책을 강구해 두어야 할 것이다. 외면할수록 더 병을 키우게 된다.

요약정리

1. 저성과자 문제는 은따 문제와 연계하여 생각하는 것이 좋다.

2. 은따 문제는 기업 이미지에도 악영향을 미치고 있으며 직원들은 이 문제를 상사나 조직이 나서서 해결해 주기를 바라고 있다.

3. 대다수의 직원들은 저성과자 문제해결을 위해 직무전환, 근무지 전환을 포함하여 해고조치도 필요하다고 인식하고 있다.

04 자존심만큼은 지켜주어야 한다

　재활치료용 보조기구를 만들어서 판매하는 회사에서 있었던 일이다. 영업력 강화를 위해서 외국기업에서 오랫동안 의료장비영업을 하셨던 분을 본부장으로 영입하게 되었다고 한다. 그런데 이분이 사람도 좋고 능력도 출중한데 부하직원을 좀 거칠게 대하는 경향이 있어서 직원들 사이에서 불만의 목소리가 나오고 있다는 것이다. 어찌하면 좋을지를 물으면서, 나를 찾아온 분이 던진 질문이다. "영업실적이 뛰어나신 분들을 보면 다소 자기주장이 강하고 약간은 독선적인 면이 없지 않지만 이걸 뒤집어서 말하면 목표달성에 대한 열정이나 의지가 강하다는 말이 아닐까요?"

공개석상에서 항상 직원들을 야단치는 어느 사장님이 있었다. 그런 행동이 문제가 있다고 말하는 나에게 그분이 하신 말씀이다. "신 대표님, 사람은 원래 잘하고 못하는 것에 대해 조용히 말하면 알아듣지 못해요. 남이 있는 앞에서 칭찬하는 것이 효과적인 것처럼 잘못에 대한 지적도 남이 보는 앞에서 해야 효과가 큰 법입니다. 우리 신 대표님은 공부만 해서 현장을 잘 모르시는 것 같아요."라면서 나에게 반론을 제기한 적이 있었다. 사람이 저마다 자신의 성공체험을 바탕으로 사고가 고착화된 것처럼 그 분의 이런 확신도 자신의 리더십스타일을 유지하면서 실적상승이 있었기 때문에 확신으로 이어진 것이라 생각한다.

하지만 이는 시대의 흐름에 따라가지 못하는 사람들이 갖고 있는 몇 가지 특징 중의 하나이다. 과거의 사고방식에서 나오지 못하고 있는 분들의 올드한 가치관이라고 말하고 싶다. 지금은 가급적 공개석상에서 타인을 나무라거나 야단치는 행동은 가급적 삼가야 한다. 이런 행동이 청소년의 비행을 부추긴다는 연구결과도 있다.

청소년의 학업성취에 가장 효과가 큰 것은 뭐니 뭐니 해도 칭찬이다. 칭찬과 격려는 내재적 동기부여에 큰 힘이 된다는 이론이 한동안 대유행을 탄 적이 있었다. 이런 무드에 편승하여 칭찬하기 운동이 한동안 사회 각계각층에 급속도로 확산되기도 했다. 『칭찬은 고래도 춤추게 한다』는 도서가 모든 서점가를 휩쓸었고 이를 활용한 각종 표어나 슬로건들이 전국 어디를 가나 눈에 띄지 않는 곳이 없을 정도였다. 이런 열풍이 지금은 다소 줄어들긴 했지만 그래도 여전히 우리 삶의 중심에서 친근하게 접할 수 있는 슬로건 중에 하나이기도 하다.

그중에서도 어린 학생들을 가르치는 교육의 현장에서 '칭찬'이라는 단어는 '칭찬=학업향상'이라는 등식으로 인식되어 있다. 그 정도로 교육의 현장에서 칭찬이라는 키워드는 학생들의 학업증진에 도움이 된다는 보편적 교육이론으로 자리 잡은 것이다. 칭찬을 통한 학업향상을 입증한 대표적인 실험이 바로 '로젠탈 실험'이다. 일명 '로젠탈 효과rosenthal effect'라고도 불리는데, 원래는 '피그말리온 효과pygmalion effect'를 증명하기 위한 목적으로 시도된 실험이다.

'로젠탈 효과'는 미국 하버드대학의 심리학과 교수였던 로버트 로젠탈 교수가 발표한 이론이다. 칭찬의 긍정적인 효과를 설명하는 용어로서 배경은 이렇다. 1968년 샌프란시스코의 한 초등학교에서 20%의 학생들을 무작위로 뽑아서 "이들은 지능지수가 매우 높은 학생들이다."는 말과 함께 그 명단을 교사에게 주었다고 한다. 그리고 이 명단을 넘겨받은 교사는 각별한 관심과 애정으로 그 학생들을 관리했다. 명단을 넘겨받고 8개월이 지난 후에 그 학생들의 지능지수를 다시 조사했더니, 이들의 지능은 실험 전의 결과와 상관없이 다른 학생들보다 더 높게 나왔다는 것이다. 성적 또한 8개월 전과 비교하여 크게 향상되었다고 한다.

여기서 말하고자 하는 것은 '긍정기대의 상승효과'이다. 학생에 대해 긍정적인 편견을 갖게 된 선생님은 좀 더 열정적으로 가르칠 뿐만 아니라 말 한마디 얼굴표정 하나에도 관심과 사랑이 묻어난다는 것이다. 이런 선생님의 열정과 함께 본능적으로 선생님이 자신을 좋아하고 있다는 것을 알게 된 학생도 기대에 부응하기 위해 더욱 더 열심히 노력하게 된다고 한다. 노력의 결과로 학생의 성적은 올라가고 자신의 혜안을 확신하게 된 선생님은 더욱 더 친절한 자세로 학생을 대한다는 것이다. 이렇듯 교사의 기대심리와 학생의 부응심리는 서로 맞물리면서 상승효과를 나타내게 된다는 것이 '로젠탈 효과'의 주된 줄거리이다.

반대되는 용어로 '스티그마 효과stigma effect'라는 것이 있다. '낙인효과'라고도 불리는데 한번 불량학생으로 낙인이 찍히게 되면 어지간해선 그 편견에서 벗어나기 힘들다는 이론이다. 교사와 학생 간의 관계형성이 아직 초기단계일 때, 뭔가의 이유로 그 학생에 대한 부정적인 편견이 교사의 머릿속에 침투가 되면 이후 그 학생의 모든 행동들이 부정적으로 보인다는 것이다.

여기서 교육학자들이 한 가지 강조하는 대목이 있다. 스티그마 효과는 자칫 상황을 더 악화시킬 가능성이 있으니 주의를 기울여야 한다는 점이다. 교사의 개인적인 편견으로 인해 아무

이상이 없었던 보통의 학생까지도 탈선으로 내몰게 할 수 있으니 조심하라는 것이다. 특히 친구들이 보고 있는 공개석상에서는 더더욱 그렇다. 공개석상에서 편견의 대상이 된 학생을 대상으로 폭언하거나 체벌하거나 하는 행동들은 해당학생에게 심한 모욕감을 주게 된다고 한다. 이렇게 모욕감을 느낀 학생은 교사에 대해 적개심을 품게 되고, 이는 비행과 탈선으로 이어지는 계기가 된다는 것이다.

실제로 한국아동권리학회에서 2006년에 문병욱이 출간한 『일반긴장이론을 통한 한국 청소년의 비행이해』에 들어 있는 연구논문에서는 다음과 같이 말하고 있다. "우리는 인문계와 실업계 고등학생 357명을 대상으로 교사의 폭언 체벌이 학생들에게 어떤 영향을 미치는지를 조사하였고, 다음 3가지 결과를 얻을 수 있었다.

첫째, 교사의 폭언이나 체벌은 청소년의 폭력비행이나 재물비행과 상당히 높은 상관관계가 있음이 밝혀졌다. 둘째, 교사의 폭언 체벌은 불량 급우와의 교제에도 상당히 유의미한 영향을 미치는 것으로 조사되었다. 셋째, 특히 학우들이 보고 있는 공개석상에서의 폭언 체벌은 비공개 상황보다도 훨씬 부정적인 영향으로 이어진다는 사실을 확인할 수 있었다."

여기서 내가 주목하고 싶은 대목은 "공개적인 폭언 체벌은 비공개적인 상황보다도 훨씬 부정적 결과로 이어진다."는 대목이다.

사람으로서 가장 해서는 안 되는 행위가 타인의 자존심을 짓밟는 행위이다. 친구들이 보고 있는 공개석상에서 폭언이나 체벌을 받은 학생은 자존심에 심한 상처를 입게 된다. 이런 상황에서는 아무리 선하고 착한 학생이라 하더라도 자신에게 인간적인 모멸감을 안겨준 교사를 원망하지 않을 수 없다. 본인이 잘못해서 당하는 체벌이든 아니면 그저 억울하게 당하는 체벌이든 그건 중요치 않다. 많은 친구들이 보는 앞에서 인간적인 모멸감을 받았다는 사실만이 더 크게 보이는 것이다.

지켜보는 사람들이 많을 때 사람들은 훨씬 더 주변상황을 의식하고 긴장감을 갖게 된다는 연구보고서가 있다. 여기에 더해 폭력적인 성향도 2배나 더 높아진다고 한다. 미국 펜실베니아 주립대의 범죄심리학과 리처드 펠슨Richard Felson 교수는 일반인과 과거에 폭력 전과가 있는 사람들을 대상으로 타인과 다투거나 주먹다짐을 벌였던 경험에 관한 설문조사를 했다. 응답자들이 경험한 상황을 '화가 났지만 아무런 일이 벌어지지 않았던 때', '말싸움을 벌였던 때', '주먹이 오갔지만 무기는 쓰지 않았던 때', '무기를 사용했던 때'로 나누어서 관찰했다.

연구결과에 의하면 동성끼리 다툼을 벌인 경우에 있어서, 단 둘이 있을 때보다는 여러 사람이 지켜볼 때의 다툼이 주먹다짐으로 비화될 확률이 2배나 더 높다고 한다. 일반적으로 우리는 여러 사람이 있을 때는 다툼이 생기더라도 지켜보는 눈을 의식해 어쩔 수 없이 참게 된다는 생각을 많이 갖고 있다. 그러나 펠슨의 연구는 이런 일반적인 생각에 반하는 것이었다. 펠슨 교수의 연구는 충분히 공감이 가는 주장이라고 생각한다. 관련 에피소드 하나만 소개하고자 한다. 지난 주, 어느 기업에서 목격한 장면이다.

박 이사: 이봐 ,김 대리. 레드클럽, 김 과장이 담당하는 회사 맞지?
김 과장: 네 맞습니다, 이사님.
박 이사: 방금 거기 다녀오는 길인데, 상황이 말이 아니더군. 상황이 이 지경까지 가기 전에 자네가 좀 더 철저히 신경을 써서 예방했어야 되지 않나? 도대체 어떻게 대처했기에 여러 가지 할 일도 많은 내가 거기까지 가게 만드는 건가? 내 잘못도 아닌데 머리를 조아리며, 다시는 이런 일이 없게 하겠다고 아쉬운 소리까지 하게 만들고. 자네, 일을 도대체 어떻게 하는 건가? 그러고도 이렇게 태평스럽게 사무실에 있는 건가?

그곳 대표와의 약속 때문에 점심시간이 조금 지나고 사무실 방문을 했는데, 영업이사로 보이는 분이 고객의 클레임 때문에 화가 단단히 났던 모양이다. 조용히 자초지종을 듣고 문제의 원인이 무엇인지를 논의해도 될 법한데, 이렇게 야단을 치는 모습을 보면서 '저렇게까지 할 필요가 있을까?'하는 생각이 들었다. 하지만 이런 나의 주장에 대해 어떤 이는 "일부러 그렇게 하는 겁니다. 다른 사람들도 보라고요. 개인의 실수 때문에 팀이 지금 어떤 상황에 처해 있는지를 알리기 위해 일부러 그런 식의 야단을 치는 겁니다. 일종의 학습효과를 기대하면서."라고 말하는 분도 있다. 여러분은 어떻게 생각하는가?

이유가 어디에 있든 공개적인 자리에서 동료를 비난하고 그 면전에서 창피를 주는 행위는 바람직하지 않다. 상사는 지적이나 꾸지람을 통해 상황에 대한 개선을 도모하려는 의도로 저런 식으로 말을 하겠지만 상황은 오히려 악화일로를 걸을 뿐이다. '인간은 감정의 동물'이기 때문이다. 아무리 타당한 이유로 지적을 받는다 하더라도 동료들이 지켜보는 공개적인 자리에서 지적하는 일에는 '창피함'을 느낀다. 더 나아가서는 '수치심'도 느낀다. 이렇게 생긴 반발심은 비난이나 지적에 대한 이유가 아무리 합리적인 근거를 가지고 있어도 절대 수용할 수 없게 만드는, 심리적인 저항감을 형성하게 한다.

관련하여 오래 전에 조사한 설문결과 하나를 공개한다. 비난의 장소가 공개에서 비공개로 바뀌었을 때, 어떤 결과가 나오는지를 보여주는 데이터이다.

〈조사대상〉 팀원 103명

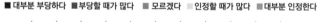

Q1. 상사로부터의 지적이나 꾸지람에 대해 느끼는 감정은 어느 쪽입니까?

■ 대부분 부당하다　■ 부당할 때가 많다　■ 모르겠다　□ 인정할 때가 많다　■ 대부분 인정한다

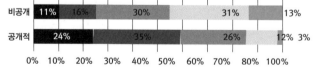

비공개	11%	16%	30%	31% 13%
공개적	24%	35%	26%	12% 3%

0%　10%　20%　30%　40%　50%　60%　70%　80%　100%

팀원 103명이 제출한 답변을 보면, 상사의 지적이나 꾸지람에 대해 공개적인 자리에서 느끼는 감정은 59%가 '부당하다고

생각한다'는 의견이다. 그러나 같은 질문에 대해 비공개로 이루어지는 1:1 대면의 상황에서는 '부당하다'는 생각은 그 절반인 27%로 떨어지게 된다. 지적에 대해 '인정한다'는 의견도 올라간다. 이는 무엇을 의미하는 걸까? 사실관계를 떠나 우선 많은 사람들 앞에서 창피당하는 일에 대한 수치심이 반감을 일으키는 것이다.

여기에 더해 특정인에 대한 폭언은 그 사람 개인에게서 끝나지 않는다는 연구보고서가 있다. 주변에 있는 다른 직원들의 심리상태에도 부정적인 영향을 미친다는 것이다. 미국 워싱턴주립대의 크리스탈 파Crystal Farh 교수는 발표한 논문 「Beyond the Individual Victim: Multilevel Consequences of Abusive Supervision in Teams」에서 "팀 내 발생하는 상사의 폭언은 집단의 자존감 하락으로 이어진다"고 말했다.

〈연구방법〉

연구진은 10개의 중국기업에 근무하는 295명에게 상사가 얼마나 모욕적으로 팀원들을 대하는지를 물었다. 그리고 팀장이 팀원들을 다소 무례하게 대하고 있다는 그룹과 정중하게 대하고 있다는 그룹으로 나누었다. 여기에 더해 팀원들이 느끼는 팀 내 정서에 대해서도 측정했다. 그리고 직원 각자가 조직 내에서 느끼는 자존감 OBSEorganization-based self-esteem 지수를 측정했다.

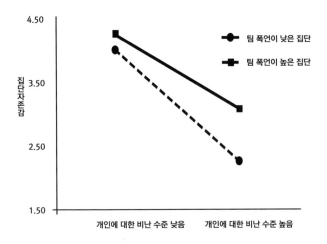

4.50

집단자존감

3.50

2.50

1.50

● 팀 폭언이 낮은 집단
■ 팀 폭언이 높은 집단

개인에 대한 비난 수준 낮음   개인에 대한 비난 수준 높음

〈연구결과〉

위에 나타난 결과데이터를 한번 보도록 하자. 우선 두 가지 상황에서 일어나는 일을 측정해 보았다. 첫 번째는 상사가 특정 누군가를 꼭 집어서 무례한 행동을 보이는 일이 거의 없는 집단이다. 이 경우에는 팀 내 무례한 행동들이 만연한 집단이든 그렇지 않은 집단이든 집단의 자존감지수에는 거의 변동이 없다. 개별적인 비난이 없는 상황에서는 상사의 폭력적인 성향이 그렇게 크게 영향을 미치지 않다는 의미이다.

그러나 두 번째 상황은 약간 다르다. 상사가 특정 누군가를 꼭 집어서 무례한 행동을 하는 경우에서는 평상시의 팀 내 분위기가 큰 영향을 미치는 것을 알 수 있다. 평상시 팀 분위기가 안 좋은 집단의 경우에는 개별적인 비난이 생길 때 집단의 자존감지수가 뚝 떨어지는 것을 목격할 수 있다.

첫 번째는 모두를 대상으로 한 비난이기 때문에 개인적으로는 큰 스트레스가 없다. 반면 두 번째의 경우처럼 특정대상을 지목해서 비난하는 상황에 있어서는 팀 내 분위기에 상관없이 집단의 자존감 하락이 모두에게 일어난다. 그중에서도 상사의 폭력적 행동이 자주 일어났던 집단에서 더 크게 자존감의 하락이 일어났다. 평상시 팀장이 정중히 팀원을 대했던 그룹이건 무례하게 대했던 그룹이건 특정 개인에 대한 비난은 모두에게 영향을 미친다는 것이다.

　이것은 팀 전체에 대한 폭언보다도 개인에게 하는 폭언이 훨씬 더 크게 팀 전체의 자존감 하락에 영향을 미친다는 것을 의미한다. 팀 전체에 대해 항상 폭언을 일삼는 상사에게는 별로 큰 영향을 받지 않는다. 하지만 동료가 그 상사로부터 폭언을 듣는 경우는 비록 내가 직접 폭언을 듣지 않았다 해도 같이 자존감이 떨어지는 것이다.

　펠슨 교수는 "사람들이 보는 앞에서 당하는 창피는 사람들이 없을 때에 비해 2배 강한 폭력적인 상황을 만든다."고 말했다. 위에 소개한 연구결과도 이와 일맥상통한 결론이다. 자존심은 최후의 보루이다. 나는 팀장이고 상사이니 괜찮다고 생각하는 건 시대착오적 발상이다. 지위고하를 막론하고 타인 앞에서 창피를 주는 것은 그 사람의 자존심에 큰 상처를 만드는 것이니 극히 조심해야 한다.

요약정리

1. 팀 전체를 대상으로 한 비난이나 지적은 나하고는 직접적인 관련이 없다고 생각하기 때문에 개별적으로는 큰 임팩트를 주지 못한다.

2. 공개적인 자리에서 하는 개별적 비난은 자존감에 상처를 준다. 나뿐만 아니라 동료를 비난하는 것도 영향을 미치게 된다.

3. 가장 좋은 방법은 문제가 있는 해당 직원만을 따로 불러 지적하는 것이다.

05 채용보다 안착이 더 중요하다

채용에 들어가는 노력을 돈으로 환산한다면?

최근 반도체 관련 업종이 대호황이다. 이쪽 분야의 경기가 좋다 보니 일하는 사람들에 대한 인력품귀 현상도 만만치가 않다. 내가 아는 회사 중에 반도체 제조공정과 관련된 일을 하는 회사가 있는데, 기술연구소 직원들의 이직률이 30%를 넘는다고 한다. 신입의 경우는 이보다 더 심하다. 심혈을 기울여 채용하고 있음에도 불구하고 1년 내 퇴사율이 50%에 육박한다. 그러다 보니 인사부서에서는 이력서 뒤지고 면접보고 하느라 다른 일을 못 보고 있는 상황이다. 원인은 어디에 있으며 해결책은 무엇일까?

인사에 있어서 채용업무는 최고의 스트레스라고 나는 생각

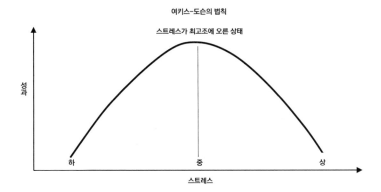

여키스-도슨의 법칙

스트레스가 최고조에 오른 상태

성과

하   중   상

스트레스

한다. 그 이유는 조금 후에 설명을 하기로 하고 우선 스트레스에 대한 이야기를 조금 해볼까 한다. 어떤 업무가 되었든 너무 지나치게 스트레스를 받는 것은 조직에게도 본인에게도 결코 도움이 되지 않다는 말을 전하고 싶다. 모두가 적정한 스트레스 단계로 넘어가지 않도록 각별히 주의를 기울일 필요가 있다. 성과는 어느 정도의 스트레스를 받을 때 극대점에 이르지만 스트레스가 너무 지나치면 성과 또한 하락한다는 이른바 '여키스-도슨의 법칙'에 의해 스트레스 관리를 권유하는 것이다.

위의 표처럼 '여키스-도슨의 법칙'에 따르면 퍼포먼스는 특정 지점 즉, 거꾸로 된 U자의 꼭대기 지점까지만 증가하고 그 이후에는 다시 감소하는 형태를 보인다. 중간 수준의 스트레스 상태에서 퍼포먼스 수준이 가장 높고 스트레스가 너무 낮거나 너무 높은 상태에서는 퍼포먼스 수준이 낮아진다. 이 중간 수준의 스트레스가 가장 높은 퍼포먼스를 가능하게 하므로 이를

'최적의 스트레스 상태optimum level of stress'라고 부른다.

예를 들어, 중요한 시험을 잘 보아야 한다는 부담 때문에 지나치게 스트레스를 받으면 다 알고 있는 문제도 제대로 답하지 못하는 등 시험 불안 상태에 처하게 된다. 또한 지나치게 낮은 스트레스 수준에서는 감각박탈 상태가 되어 졸음이 오고 집중력이 떨어져 시험에 실패하게 된다. 따라서 최적의 인재를 확보하기 위한 채용프로세스를 생각한다면, 스트레스 상태가 중간인 지금의 상태를 유지하면서 더 이상 오버되는 일이 없게 주의를 기울이는 것이 좋겠다.

그럼 본론으로 들어가보겠다. 인사에서 하는 일은 많은데 가장 보람을 느끼지 못할 때가 '채용의 반복'이 일어날 때다. 한 사람의 직원을 채용하기 위해서는 여러 가지 절차를 밟아야 한다. 크게는 '구인공고→서류전형→면접전형→OJT'의 프로세스로 구성이 되어 있지만, 중간 중간에 들어가는 행정절차가 훨씬 많은 시간을 소모하게 만든다. 예를 들면, 구인공고 이전에 어떤 인재가 필요한지를 파악하기 위해 부서별로 '필요인재 요구서'를 작성하게 한다.

그리고 회사의 예산이나 인력구조 등을 감안해서 필요인력의 숫자와 스펙을 정리해서 구인공고를 내게 된다. 이력서가 들어오면 서류심사를 위해 또 엄청난 양의 시간과 사람들이 투입된다. 인사팀 자체 인력이 부족해서 다른 부서에서 인력을 지원받아 이 시기를 보내는 회사도 많다. 그 정도로 시간이 많이 필요한 순서다.

이렇게 해서 서류심사가 통과되면 다음은 면접인데, 여기서도 또 면접관과 응시생의 일정조율에 상당한 시간이 걸린다. 면접은 통상 2, 3번 하는 경우가 보통인데 이런 모든 것들을 인사에서 조율한다. 이렇게 해서 최종 통과된 인력들에 대해 합격통지하고 기본적인 교육을 이수시킨 후에 현장배치를 하면 채용의 프로세스가 거의 마무리 된다.

채용에 들어가는 정신적인 노력도 노력이지만 이런 모든 과정을 돈으로 한번 환산해보자. 얼마나 많은 투자가 들어가는지 상상이 가겠는가? 그런데 이런 물적 양적 투자를 거쳐 채용한 인재가 입사하고 얼마 안 있어 퇴사한다고 하면 담당자 입장에서는 얼마나 허탈할까? 현업의 해당부서도 마찬가지다. 이제 겨우 업무분산이 이루어지는구나, 하는 희망이 생겼는데 다시 원점으로 돌아간다고 생각하면 그 좌절감과 상실감은 상당할 것이다.

때문에 사람을 채용할 때에 신경을 써야 하는 부분은 '채용' 그 자체보다도 채용 후의 '유지'에 있다고 말하고 싶다. 채용된 인재가 바로 퇴사하지 않고 남아 있는 상황 말이다. 아무리 많은 숫자의 우수인력을 채용하면 뭐하겠는가? 퇴사자가 생기고 다시 구인공고를 내야 한다면 자원의 낭비만 되풀이될 뿐이다.

이런 채용의 악순환을 방지하기 위해서는 왜 이런 일이 생기는지에 대한 원인분석을 해야 한다. 채용을 해본 사람이라면 다 알겠지만 퇴사의 악순환의 가장 큰 이유는 '미스매칭'이다. 구인자와 구직자가 채용 후에 막상 같이 생활해 보니 서로가 매칭대상이 아니라는 것을 알게 된 상황이다. 특히 구직자의 입장에서 이런 미스매칭을 느낄 때가 바로 퇴사로 이어지는 순간이다. 반대로 매칭도가 높을 때 입사한 이들의 업무만족도는 최고조에 이른다. 생각했던 것들이 사실로 드러나는 매 순간들이 즐거울 수밖에 없는 것이다.

이렇듯 미스매치를 줄이는 일이 퇴사를 줄이고 만족도를 올리는 지름길이라고 한다면 채용의 우선순위는 이런 미스매칭을 줄이는 쪽에 포커스를 맞춰야 할 것이다. 이와 관련하여 전문가들은 일명 '솔직한 직무소개'를 강조하고 있다. 미스매칭이 일어나는 현상의 거의 대부분은 채용전의 직무소개에 대한 솔직하고도 정확한 소개가 이루어지지 않았기 때문이라고 말을 한다.

미국 펜실베니아주립대학의 진 필립스Jean Phillips 교수는 자신의 논문「Effects of realistic job previews on multiple organizational outcome: A meta-analysis」에서 "채용 전의 직무소개가 현실적이면 현실적일수록 이직률 방지에는 큰 도움이 된다."고 말했다.

<연구방법>

　진 교수는 미국 내 유명기업이나 단체를 대상으로 채용과 관련하여 한 가지 프로세스를 넣어 보기로 결심하고 그들에게 협조를 요청했다. 협조를 요청한 기업과 단체의 채용부서에서 다음의 3단계 시점에서 현실적인 직무소개를 하게 요청한 것이다. 진 교수가 설정한 3단계는 채용프로세스의 초기단계, 채용직전, 채용직후의 단계를 말한다.

　각 단계별로 이루어지는 솔직하고도 현실적인 직무소개가 지원자의 이탈률이나 입사자의 직무만족도, 업무몰입도, 자발적 이직률, 업무성과와 어떤 관계가 있는지 살펴보기로 한 것이다. 시간이 흐른 후에 협조를 요청한 곳들 중에서 40곳이 결과를 진 교수에게 보내주었다. 그들이 보내 준 채용자료를 대상으로 메타분석을 해보았더니 확실히 채용전의 솔직한 직무소개는 이직률을 떨어뜨리는 데 효과가 있다는 사실이 증명되었다.

<연구결과>

　변수에 따라 직무소개 시점은 조금씩 달랐지만, 시점보다는 채용직전이나 채용직후에 현실적인 직무소개가 이뤄지는 것 자체가 중요한 것으로 나타났다. 이유는 현실적인 직무소개를 통해 앞으로 닥칠 직무에 대한 실망과 충격을 미리 예상하고 대처할 수 있었기 때문이다. 일종의 백신효과의 덕분이라고 말할 수 있겠다. 결과적으로 직무소개를 하지 않은 집단의 이직

률이 직무소개를 한 집단의 이직률에 비해 1.5배에서 4배 정도 더 높은 것으로 드러났다.

자신이 해야 일에 대해서 충분한 설명을 통해 백신효과를 만드는 것은 분명 효과가 있다. 백신작업이 1단계라고 한다면, 2단계는 조직 안착이다. 2단계 조직 안착률을 높이기 위해 해야 할 일이 몇 가지 있다. 가장 중요한 작업이 조직문화를 이해시키는 일이다. 조직문화는 눈에 보이는 영역과 눈에 보이지 않는 영역을 합하여 3단계 구조로 이루어져 있다.

우선 제일 상단에 위치하고 있는 '언어와 의식'에 대한 교육이 필요하다. 언어와 의식이란 그 조직이 문화적으로 표출하고 있는 모든 것을 말한다. 그 조직에 가서 보고 듣고 느낄 수 있는

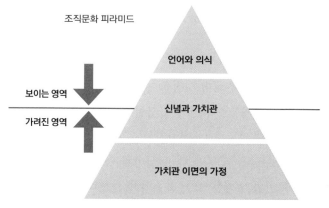

현상과 물건이다. 예를 들면, 로고나 사가社歌 그리고 근무복 장과 의례 등을 말한다. 또한 조직이 만든 제품 서비스와 이를 효과적으로 수행하기 위한 조직구조나 제도, 정책 등을 포함하여 우리가 직접 지각하고 있는 모든 것을 말한다.

중간의 '신념과 가치관'은 각 조직이 중요하다고 생각하는 '가치'를 말한다. 우리나라가 건국하고 초창기 아무런 산업시설이 없던 시절, 당시 우리나라 기업들이 내건 창업초기의 가치는 '기술입국'이었다. 아무런 자원이 없는 우리나라가 먹고 살 길은 기술력뿐이라는 생각에 기술계발을 통해 국가를 발전시키려는 사명감을 가지고 있었던 것이다.

이런 생각은 내부의 조직구성원을 하나로 묶는 기둥이 되어 밤낮으로 기술계발에 매달리게 만든 원동력이 되었다. 이들이 이룬 업적과 성과 덕분에 오늘날의 대한민국이 있는 건 아닌가 생각한다. 새삼 감사한 마음이 드는 게 사실이다. 이렇듯 눈에 보이지는 않지만 모두를 구속하는 정신적인 의지를 신념과 가치관이라고 한다.

마지막으로 가장 아래 단계에 있는 '가치관 이면의 가정'은 말하지 않아도 서로 간에 암묵적으로 인지하고 있는 합의사항을 말한다. 해외제품을 유통하고 있는 회사의 예를 들어 보겠다. 이 회사를 유지하게 하는 실질적인 수입원은 해외에서 들여온 제품을 얼마나 많이 판매하는가에 달려 있다. 모두가 판매망 확보가 중요하다는 사실을 인지하고 있다. 기술연구소의 존재도 있고 대체품 개발에 대한 슬로건도 있지만, '수입제품의 유통망확대가 우선이다'는 암묵적인 동의가 조직을 감싸고 있다. 이러한 신념에 그 누구도 이의를 제기하지 않는다. 이것이 바로 암묵적인 기본 가정이다.

아무리 업무능력이 뛰어난 사람도 처음 입사한 후 얼마간은 적응기간이라는 것을 거쳐야 한다. 사람에 따라서 차이는 있겠지만 신입의 경우 1년, 경력의 경우 3개월 내에 적응기간을 끝내는 것이 좋다. 신입은 1년, 경력의 경우는 입사하고 최초 3개월은 회사의 성과에 공헌하지 못하고 에너지만 낭비하는 시기이다.

이 시기가 지나면 본인이 투입하는 에너지에 비해 성과가 조금 더 많이 나오는 단계인 손익분기점을 넘는 단계가 온다. 이 후로는 성과의 양이 계속 늘어나는 구조가 형성되는 것이 가장 이상적인 '조직안착모델'이라고 말할 수 있겠다.

이런 구조를 만들기 위해서 인사에서 도와주어야 할 일이 있다. 나는 이것을 안착지원을 위한 6단계 프로세스라고 이름을 붙여 보았다.

① 준비- 과거를 잊고 새로운 일을 받아들이는 마음가짐을 갖게 한다.
② 학습- 무엇을 배워야 할지, 누구에게 배워야 할지를 정확

히 알려준다.

③ 상황- 해야 할 것과 하지 말아야 할 것을 구체적으로 알려준다.

④ 관계- 상사관계, 기대역할이 무엇인지를 세부적으로 알려준다.

⑤ 성공- 장기적인 성공에 연계된 단기성공체험을 하게 지원한다.

⑥ 협력- 사내생활에 도움을 줄 만한 사내외 그룹을 만들어준다.

이상의 내용을 정리해 보면 다음과 같다.

Step 1- 채용자의 숫자보다는 이탈률 방지에 신경쓰는 것이 좋다. 그러기 위해서는 직무소개를 여러 번에 걸쳐 철저히 할 필요가 있다.

Step 2- 채용이 끝난 후에는 신규입사자들을 대상으로 조직이 소중히 여기고 있는 신념과 가치관에 대해 교육을 시키자.

Step 3- 신규입사자가 자신의 퍼포먼스를 자연스럽게 발휘할 수 있도록 안착지원을 위한 현장지원 6단계를 밟아가도록 하자.

도중에 문제가 없다면 신입은 1년, 정상적인 경력사원이라면 3개월의 시간이 지날 때 채용의 손익분기점은 넘을 것이다.

1. 좋은 직원을 채용하는 것도 중요하지만 채용한 직원을 빨리 안착 시키는 것은 더 중요하다.

2. 안정적인 안착을 위해서는 채용의 전후에 본인의 직무에 대해 가 급적 솔직하고 상세하게 설명해주는 것이 좋다.

3. 거기에 더해 '해야 할 것과 하지 말아야 할 것', '상사관계', '기대 역할이 무엇인지'를 알려주고 사내생활에 도움을 줄 만한 내외부 그룹을 만들어 주는 것이 좋다.

Part 2

팀워크 향상

01 조직은 분위기가 전부다

친한 후배가 엔지니어링 관련의 SW개발 회사에서 일하다 1년 전에 건설회사로 이직했다. 그런데 이곳의 분위기가 예전 직장하고 너무 달라 요즘은 심한 고민에 빠져 있다는 말을 한다. 너무 보수적이라 분위기가 많이 가라앉아 있다는 것이다. 밝은 분위기로 바꿔보려 나름대로는 여러 가지 시도를 하고 있는데, "우리 업종은 무거운 분위기가 좋다."는 말을 하며 쓸데없는 짓 하지 말라고 말리는 사람이 많다고 한다. 괜히 이직을 했나? 하는 약간은 후회를 담은 뉘앙스로 이런 질문을 던졌다. "분위기도 업종에 따라 달라야 하나요?"

절대 그렇지 않다. 업종 직무에 상관없이 조직분위기는 무조건 밝고 환하고 긍정적이어야 한다. 사람들은 즐겁고 유쾌한 사람과 함께 있고 싶어 하지 칙칙하고 어두운 사람하고 어울리고 싶어 하지 않기 때문이다. 밝고 환한 분위기에서 긍정의 에너지가 나오는 법이다. 그리고 그런 긍정의 에너지는 조직성과로 이어진다. 때문에 조직은 무조건 구성원들이 재미있게 일할 수 있는 즐거운 환경을 만들어 주어야 한다.

사례 하나만 소개하겠다. 국내에 진출해 있는 어느 유명 일본 기업의 한국법인에서 있었던 일이다. 그 회사는 전기전자 소재 부품을 생산하는 회사로서 1천 명 정도의 직원들이 일하는 규모가 상당히 큰 회사였다. 대표이사는 일본 본사에서 항상 내려왔는데, 주로 퇴임을 앞둔 사람들이 잠시 거쳐 가는 그런 자리로 자리매김이 되어 있는 상황이었다. 그러다 보니 이 사람들의 마인드가 '현상유지'의 생각뿐이었다. 개선을 위한 기획이나 실행 제안은 일종의 금기사항으로 인식되어 입 밖에 내서는 안 되는 '금지어'가 되어 있던 것이다.

임기가 보통 3년 정도였는데, 3번을 이런 사람들이 거쳐 가면서 조직이 완전 망가져버렸다고 한다. 이런 분위기가 이어지면 어떤 현상이 순서대로 일어나는지 아는가? 우선은 똑똑하고 의욕적인 젊은 직원들이 퇴사를 한다. 희망이 없다고 생각해서 조직을 떠나는 것이다. 생각해 보라. 뭔가 의식이 있고 생각이 있는 친구라면 아이디어도 내고 그 아이디어를 가지고 토론도 하고 그런 이미지를 꿈꾸지 않을까? 그러면서 자신이 뭔가 조직에 공헌하고 있다는, 일의 의미도 느끼고 싶어할 것이다. 그런데 그런 것들을 못하게 하니까, 희망을 잃으면서 의욕도 꺾이고 그러면서 조직을 떠나는 것이다.

그리고 다음은 구성원의 행동양식에 미치는 영향이다. 아침에 일어나면 출근하고 저녁에 퇴근하고 모두가 정해진 일과에 따라 수동적인 움직임만 보일 것이다. 하루 8시간 정해진 시간에 정해진 동선을 따라 정해진 대로 움직이는 로봇과 같은 움직임만 보이는 것이다. 희망도 없고 미래도 없고…. 보다 못한 인사임원이 사장에게 이런 분위기에 대해 보고를 했다고 한다. 그랬더니 "우리는 어려운 공정을 처리하는 회사가 아닙니다. 짜여진 대로 정해진 일만 처리하면 됩니다. 문제없습니다."라는 답변이 돌아왔다고 한다.

과연 문제가 없을까? 물론 그곳의 대표이사가 말했듯 단순 반복적인 작업은 정해진 대로 시키는 일만 잘하면 된다. 하지만 이런 가정은 어디까지나 세상이 현 상태로 그대로 유지되어 있다는 전제조건 아래에서다. 경쟁사도 그대로이고 사업 환경도 그대로이고, 하는 이런 조건들 말이다. 하지만 세상이 그러나? 우리가 잠들고 있을 때도 세상은 변한다는 말이 있다. 우리의 의지하고는 상관없이 세상은 변해가고 있다. 심지어 우리가 잠깐 쉬고 있는 그 찰나에도 경쟁사는 뛰어가고 있는 게 현실이다. 1,000여 명에 이르렀던 직원들도 10년의 세월이 흐르면서 거의 반으로 줄었다. 스스로 떠난 사람도 있지만 타의적인 인력감축도 있었다고 한다. 가격경쟁력이 떨어지면서 일본 본사의 주문이 줄어든 것도 큰 요인으로 작용한 것이다.

일본에서는 한국법인에 대한 매력을 점점 잃어갔고 그러면서 현지부임을 꺼려하는 현상이 발생했다. 그래서 이번에는 할수 없이 사장을 외부에서 영입하게 된다. 나중에 밝혀진 사실이지만, 외부에서 사람을 데려와 조용히 정리하고 마무리하려는 생각이었다고 한다.

그런데 큰 기대를 걸지 않고 임명된 이분이 일을 저질렀다. 재임하는 동안 적극적인 개선활동과 함께 대대적인 분위기의 전환을 이룬 것이다. 본사 경영진의 마음을 움직이는 적극적인 세일즈 활동을 통해 일본의 최신제품을 몇 개 가져온 것이다. 더 나아가 일부 제품은 연구개발의 전초기지 역할을 하게 도모한다. 분위기가 바뀌면서 매출은 과거보다 10여 배 가까이 오르고 직원들의 신규채용도 3배나 늘고, 하는 등의 대변신의 모습을 만든 것이다.

그런 움직임에 나도 약간은 공헌을 했다는 자부심을 가지고 있다. 자랑스럽게 회사 이름을 공표하면서 위대한 성공사례로 쓰고 싶은데, 이곳 대표이사의 요청으로 사명은 그냥 묻어두기로 했다. 한번은 식사를 하면서 "이런 드라마틱한 역전을 이룬 비결은 어디에 있느냐?"고 물어본 적이 있다. 그분의 답변이다. "조직은 분위기가 전부입니다."

정말 요즘은 재미있고 즐거운 분위기가 전부인 것 같다. 심지어 코믹한 분위기까지 요구하는 곳도 많고 그런 분위기들이 성과향상으로 이어지는 사례는 여기저기서 수없이 보고되고 있다. 아래의 문구는 어느 유명기업의 직원행동 지침서다. 일종의 사훈 같은 이미지로 그 회사의 정문 현관에 액자로 되어 크게 걸려 있다. 한동안 센세이션을 불러일으키며 방송도 타고 하면서 여러 회사에 유사한 패러디물을 만들어 내는 유행도 만들었다.

송파구(이 회사가 있는 곳이다)에서 일 잘하는 11가지 방법

1. 9시 1분은 9시가 아니다.
2. 실행은 수직적으로! 문화는 수평적으로!
3. 잡담을 많이 나누는 것이 경쟁력이다.
4. 쓰레기는 먼저 본 사람이 줍는다.
5. 휴가나 퇴근 시 눈치 주는 농담을 하지 않는다.
6. 보고는 팩트에 기반을 둔다.
7. 일의 목적, 기간, 결과, 공유자를 고민하며 일한다.
8. 가족에게 부끄러운 일은 하지 않는다.
9. 모든 일의 궁극적인 목적은 '고객창출'과 '고객만족'이다.
10. 이끌거나, 따르거나, 떠나거나!

2019년 12월 독일의 '딜리버리히어로'가 우리 돈으로 약 4.8조원에 인수한다고 발표해서 세상을 깜짝 놀라게 만든 '배달의

민족' 이야기다. 배달앱 서비스를 하는 회사로 법인명은 '우아한 형제들'이다. 그러나 브랜드 이름인 배달의 민족으로 사람들에게 더 많이 알려져 있다. 나는 처음 이 회사 홍보영상을 보았을 때, "우와~ 진짜 이름 잘 지었다."는 강한 인상을 받았던 기억이 난다. 배달서비스를 하는 회사가 "우리가 어떤 민족입니까? 배달의 민족입니다."로 시작하는 슬로건은 이 회사가 어떤 회사인지 더 이상의 설명을 필요 없게 만든다. 코믹하면서도 강한 메시지는 이 회사의 전반적인 분위기인 것 같다.

이런 내부 분위기는 '치물리에'로 또 한 번의 대박을 친다. 일종의 '치킨감별사'라는 뜻을 가지고 있는 치물리에는 '냄새를 맡고 어느 회사에서 튀긴 어느 부위인지를 맞추는 시험'이다. 내부에서 재미삼아 시작했다고 하는데 워낙 재미있는 아이템이라 여러 방송사에서 취재도 하고 심지어 해외 방송에서도 대거 방영되고 하면서 세계적인 인기를 끄는 이벤트로 성장한다.

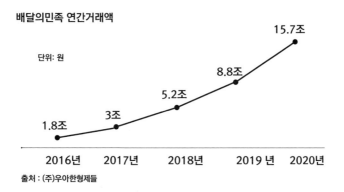

배달의민족 연간거래액

단위: 원

1.8조 3조 5.2조 8.8조 15.7조

2016년 2017년 2018년 2019 년 2020년

출처 : (주)우아한형제들

이 모든 것들이 그냥 운이 좋았다고 말할 수 있을까? 아니다. 재미있고 즐거운 회사라는 슬로건을 가진 사내분위기가 상품 아이디어로 이어지고 있는 것이다. 이런 재미와 즐거움은 바로 성과로도 반영이 되었다. 아래의 놀라운 실적을 보라. 경이롭지 않은가? 직원들의 즐거운 직장분위기가 외부의 고객들에게도 그대로 전이되는 듯한 느낌이다.

의도적인 노력이 필요하다

조직의 분위기가 어떻게 성과로 이어지는지에 대해 재미있는 실험을 한 분이 있다. 캐나다 웨스턴온타리오대학의 루비 나들러Ruby Nadler 교수다. 2010년 발표한 논문 「Better Mood and Better Performance: Learning Rule-Described Categories is Enhanced by Positive Mood」에서 그녀는 "즐겁고 긍정적인 분위기가 성과에도 좋은 영향을 미친다."는 연구결과를 발표했다.

〈연구방법〉

연구자들은 87명의 참가자들에게 유튜브에서 수집한 음악과 동영상을 제공했다. 여기에 사용된 음악과 동영상에 대한 기쁨과 우울함의 정도를 정하기 위해 사전에 파일럿 테스트를 실시하였고, 실험에 사용된 음악과 동영상에 대해 모두가 각각의 점수를 매기게 하였다.

그리고 다시 그들을 세 그룹으로 나누어 각각 즐거운 음악과 긍정적인 내용의 동영상(A그룹), 긍정적이지도 부정적이지도 않

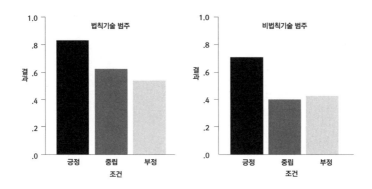

은 중립적인 내용의 음악과 동영상(B그룹), 우울한 음악과 심각한 내용의 음악과 동영상(C그룹)을 듣고 시청하게 했다. 그런 다음 내들러는 참가자들을 컴퓨터 앞에 앉히고 모니터에 나타나는 여러 개의 패턴-가버패치gabor patch라 불리는 것들-들을 보고 패턴들 간에 존재하는 법칙을 찾아내는 과제를 냈다.

〈연구결과〉

실험결과 예상대로 사전에 즐거운 음악과 긍정적인 내용의 동영상을 접한 참가자들(A그룹)이 다른 그룹의 참가자들보다 월등한 성적을 냈다. 즐겁고 긍정적인 분위기가 형성될 경우 법칙기술범주RD의 상황이든 비법칙기술범주non-RD의 상황이든 과제를 보다 수월하게 수행할 수 있음을 보여주는 결과를 보여주었다. 흥미로운 것은 비법칙기술범주의 상황에서는 우울한 무드의 그룹(C그룹)과 중립적인 무드의 그룹(B그룹)의 성적이 거의 비슷했다는 점이었다. 이는 일정한 패턴이 없는 상황에서는 중간과 우울함 사이에는 별 차이가 없음을 의미한다.

Q: 팀 내 멤버상호간의 '신뢰'를 높이기 위한 의도적인 행동은 무엇입니까?

	항 목	전체 (n=335)	신뢰도 高조직 (n=87)	신뢰도 低조직 (n=121)
조직의 노력	구조적인 접근	10%	10%	3%
	위로부터의 노력	8%	9%	4%
	분위기, 환경 만들기	12%	14%	4%
	사적 커뮤니케이션의 강화	5%	2%	15%
	비공식적 이벤트	3%	6%	2%
개인노력	경청하려는 노력	10%	15%	4%
	그외 마음가짐	16%	20%	11%
	기타	6%	2%	7%
	특별한 노력이나 행동 없음	31%	22%	50%
	합계	100%	100%	100%

　　즐겁고 긍정적인 분위기는 질서가 있든 없든 성과향상에 도움이 된다. 질서가 있는 상황에서의 성과는 '즐거움-중간-우울'의 순서로 나타났다. 하지만 일정한 패턴이 없는 상황에서는 보통의 상황과 우울한 분위기의 상황에는 별 차이가 없다는 점이 눈에 띈다. 이는 사업모델에 따라서 내부 분위기가 성과에 미치는 결과도 일부 영향을 받는다는 것을 의미한다.

　　위의 도표는 신뢰도가 높은 조직과 신뢰도가 낮은 조직의 '조직신뢰도에 영향을 미치는 요소'에 대해 설문조사한 결과다. 전체 335명의 표준집단을 선발해서 물어본 것인데, 조직신뢰가 높은 조직일수록 조직차원의 의도적인 노력을 많이 하는 것으로 파악이 되었다. 신뢰도가 높은 조직이 신뢰도가 낮은 조직에 비해 2배 더 의도적인 노력을 하고 있다고 답했다. 내부 분위기의 향상을 위해서는 조직차원의 의도적인 노력이 필요하다는 점을 알 수 있다.

이상의 결과를 봤을 때, 재미와 즐거움이 가득한 직장 분위기는 확실히 조직성과에도 도움이 된다는 사실을 확인할 수 있다. 그리고 이런 조직분위기를 '개인차원에서 알아서 해야 할 일'이라고 생각해서는 안 된다. 조직이 나서서 이런 분위기를 만들어 주어야 한다. 시대적 상황이 갈수록 이런 분위기를 요구하고 있고 이런 분위기를 잘 만들어내는 회사가 좋은 회사, 우량기업으로 인정받고 있다는 현실을 인정하지 않으면 안 된다. 업종에 대한 차이는 없다.

요약정리

1. 재미와 즐거움을 좋아하지 않는 사람들은 없다. 특히 젊은 세대로 갈수록 이런 경향은 특히 강하다. 즐거운 분위기는 업무성과의 향상에도 도움이 된다.

2. 구성원들에 대한 재미와 즐거움을 그들 스스로에게 맡기는 것도 좋지만 조직의 리더가 나서서 이런 분위기를 만들어 주는 것이 좋다.

02 정신적 거리 이전에 물리적 거리다

카카오의 잃어버린 1년

얼마 전, 온라인 쇼핑몰의 e-Commerce 회사를 경영하고 있는 사장님을 만났다. 10여 명의 후배들과 함께 시작한 사업이 코로나정국을 거치면서 수백 명으로 늘어났다고 한다. 직원이 늘면서 공간이 부족하기도 해서 사무실을 몇 군데 나누어서 운영하고 있는데, 여기에 고민이 있다는 것이다. 예전에 비해 유대감이 떨어진 느낌이라고 말한다. 기분 탓인지, 아님 과학적인 근거가 있는지 궁금하다며 나를 찾아왔다.

나는 우선 짧은 시간에 이런 비약적인 발전을 이룩한 성과에 대해 경의의 박수를 보냈다. 코로나 덕분이라고 표현을 했는데, 그건 겸손의 말씀인 것 같다. 대표이사가 이렇게 직접 질문을 하는 것은 환경을 떠나서 조직과 사람에 대한 관심이 남다르다는 의미가 아닐까 생각한다. 그래서 겸손이라는 표현을 쓴 것이다. 나는 우선 내 친구가 겪은 경험을 시작으로 그분이 궁금하게 생각하고 있는 심리적 물리적 거리감에 대해 답변을 시도해보았다.

정부세종청사에 내려가 있는 친구와 대화하던 도중에 '조직 내 커뮤니케이션'이라는 주제가 나와서 그 친구에게서 들은 이야기이다. 지금은 부처 전부가 통째로 내려가 있지만, 처음 세종에 정부청사가 들어설 때에는 선발대가 먼저 내려가고 본진은 2~3년 후에 내려간 부처가 많았다. 회의 대부분이 화상회의로 이루어졌는데, 동료들과 충분한 대화를 하기가 어려웠고 때로는 본의 아닌 오해를 불러일으키는 바람에 중요한 사항이 아닌 것은 대화를 꺼리는 현상까지 발생했다고 한다. 얼굴을 보면서 토의를 했다면 5분이면 끝날 이야기가 끝도 없이 이어지는 시간낭비도 적지 않았다고 토로한다.

의중을 파악하기 어려운 비대면의 시간이 늘어갔고, 그럴수록 했던 이야기를 반복적으로 답습하는 비효율적인 의사소통이 늘어났다고 한다. 여기서 한 가지 재미있는 현상은 당시 선발대로 같이 내려온 다른 부서 사람들이 오히려 서울에 있는 같은 부서에 있는 사람들보다 동료애가 더 좋았다는 것이다. 그러면서 그 친구가 이렇게 말했다. "역시 같은 곳을 바라보는 사람들은 같은 곳에 있어야 해!"라고 말하며, 지금 생각해보면 참 유치한 이야기처럼 들린다고 하면서 웃는다. 지금이야 워낙 다양한 의사소통의 툴이 등장해서 상당부분 부족한 부분을 해결해 주고 있지만, 당시는 이러한 것들이 부족하다 보니 여러 가지 오해가 많았다는 것이다.

 유사한 사례가 '카카오'에도 있었다. 카카오 하면 지금은 시가총액이 현대자동차에 맞먹을 정도로 웬만한 대기업보다도 더 큰 회사에 들어간다. 20여 년이라는 짧은 역사를 가진 회사가 100년 역사에 가까운 현대자동차와 비슷한 규모라고 하면 많은 사람들이 믿지 않는다. 그 정도로 카카오의 성장은 초스피드로 이루어졌다고 해도 과언이 아닐 것이다. 이런 카카오의 경이적인 성장의 역사에 매우 중요한 시기가 있었다. 바로 2014년에 있었던 '다음커뮤니케이션'과의 합병이다. 규모도 인력도 갑자기 배가 되는 순간이었다.

 이 이야기는 카카오와 다음커뮤니케이션이 합병하기 훨씬 전의 시절로 거슬러 올라간다. 여러분도 아시다시피 우리나라 포털의 역사는 '다음'이 원조다. 모두가 다음만 이용하던 시절도 있었다. 그러나 선두의 자리를 '네이버'에 내어주고 절치부심하던 다음은 장기적 안목에서 사업을 하기로 마음먹었다. 그리고 2004년 6월 본사를 제주도로 옮기기로 결정한다. 새로운 시각에서 시장을 바라보기로 마음먹고 환경의 변화를 통해 새로운 미래를 준비하기로 마음먹은 것이다.
 우선 당해 연도인 2004년에는 다음의 인터넷지능화연구소

직원들이, 2005년도에는 미디어본부, 2006년에는 다음 글로 벌미디어센터GMC, 2009년 3월에는 서울에 있는 본사직원 전원이 이주함으로써 제주도 정착을 위한 모든 준비를 완료했다.

당시 다음의 이재웅 사장은 우려를 표명하는 사람들에게 다음과 같이 말했다. "다음의 제주 이전은 의미 있는 실험이 될 것이다. 미국의 IT기업들이 캘리포니아 산호세로 이전해 실리콘밸리를 만든 것처럼 우리도 서울 중심에서 벗어나 지역기반의 새로운 비전을 만들어야 한다. 근무환경과 생활의 질을 높이는 것은 물론, 우수인재를 확보하여 제주도를 한국의 실리콘밸리로 만들겠다."는 말로 의욕을 과시했다.

그리고 5년 후인 2014년 5월 다음은 카카오와의 1:1통합을 발표했다. 여기서 사람들이 가장 중요하게 생각한 것은 어느 쪽을 중심으로 조직이 재편되느냐의 문제였다. 만일 다음을 중심으로 한다면 카카오의 직원들도 제주로 내려갈 가능성이 높아지기 때문이다. 이런 일이 현실이 된다면 이재웅 대표의 꿈대로 제주도를 한국의 실리콘밸리로 만들 가능성도 낮지는 않았기 때문이다. 그러나 예상과 달리 다음과 카카오는 "우리는 인터넷 기업이기 때문에 공간의 통합이 없어도 사업을 하는 데는 전혀 문제가 없다."는 말과 함께 판교와 제주에서 각자의 사업환경을 그대로 유지하겠다고 발표한다.

그러나 1가정 2집 살림은 실패로 끝나고 만다. 통합하고 1년이 지난 2015년 7월, 다음은 제주본사직원 400명 중에서 일부를 제외한 거의 모든 직원들을 판교 사옥으로 이동배치한다는 사내공지를 발표했다. 그리고 제주도 직원들의 서울이동을 촉진시키기 위해 그동안 지급해온 제주근무자에 대한 각종 인센티브제도도 폐지한다. 카카오의 김범수 의장이 훗날 "다음과 카카오가 두 집 살림을 하던 1년은 잃어버린 시간"이라고 표현할 정도로 양사의 조직적, 화학적 통합이 한 발짝도 나아가지 못했기 때문이다.

내가 일했던 어느 고객사에서도 이와 비슷한 일이 있었다. 서울에 본사를 둔 중견기업인데, 비슷한 사업을 하는 어느 작은 중소기업을 M&A하는 일이 생겼다. 이곳의 대표가 항상 강조하는 게 'One Team Spirit'이었기에 인수당한 직원들의 정신교

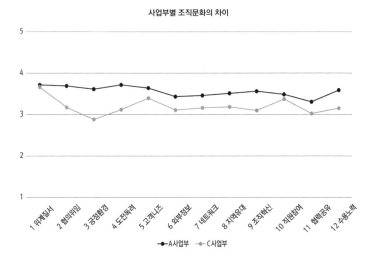

사업부별 조직문화의 차이

1 위계질서 2 협의위임 3 긍정환경 4 도전독려 5 고객니즈 6 외부정보 7 네트워크 8 지역유대 9 조직혁신 10 직원참여 11 협력공유 12 수용노력

→ A사업부   → C사업부

육에 상당한 공을 들인다. 일주일에 2일은 고정적으로 그곳에 상주도 하시고 직원들과 대화하는 시간도 갖고, 인수당한 기업의 직원들과 조인트식사 자리도 많이 갖고 하는 등, 하나의 회사를 만들기 위해 상당한 노력을 기울였다.

그러기를 3년, '이제는 어느 정도 정신적 통합이 되었겠지' 하는 자신감이 생겨서 나에게 진단을 해달라는 요청을 했다. 앞의 도표는 인수기업과(A사업부) 인수당한 기업(C사업부)의 같은 사업부 직원들의 생각의 차이를 수치화한 것이다. 통합을 위한 수없는 노력을 하면서 3년이라는 시간이 지난 지금에 와서도 생각의 차이는 여전히 존재하는 듯해 보인다. "같이 생활하는 친구가 떨어져 있는 부부보다 더 잘 통한다."는 말을 생각나게 하는 대목이다.

멀리 있는 친척보다는 가까운 이웃

『설득의 심리학』으로 유명한 애리조나 주립대의 로버트 치알디니Robert B. Cialdini 교수는 「익숙함이 호감도에 미치는 무의식적인 영향력」이라는 이름의 논문에서 "연구자들이 여러 사람들의 얼굴을 재빨리 스크린에 지나가게 하면서 피실험자들에게 보여주었다. 그러나 피실험자들은 너무 많은 사람들이 지나가는 바람에 제대로 기억하지 못했다. 하지만 스크린에 얼굴이 많이 보인 인물일수록 피실험자들은 더 높은 호감도를 보였다. TV에 얼굴을 많이 드러낸 정치인의 당선 확률이 압도적으로 높은 것도 바로 이런 무의식적인 심리와 관계가 있다."고 말했다. 그 정도로 자주 보는 사람의 얼굴은 무의식적인 호감도를 발생시킨다는 것이다.

그렇다고 무한정의 사람들이 같은 공간에서 생활할 수도 없고, 어느 정도의 인원에서 최적의 퍼포먼스가 나오는 것일까? 이런 의문에 대한 답을 영국 옥스퍼드대학의 로빈 던바Robin Dunbar 교수가 내놓았다. 일명 '던바의 법칙'으로 유명한데, 던바 교수는 『우리에게는 얼마나 많은 친구가 필요한가? How Many Friends Does One Person Need』에서 150명을 최대치로 제시했다.

던바 교수는 원숭이나 침팬지 같은 영장류들을 대상으로 사교성 연구를 했다. 그 결과 복잡한 사고를 담당하는 대뇌 영역인 신피질이 클수록 알고 지내는 친구가 많다는 사실을 발견한다. 신피질의 크기를 측정하여 인간에게 적용해보니 인간의 친분관계는 150명 정도가 최대치가 될 것이라는 것이다.

이어서 호주와 뉴기니, 그린란드에 거주하는 원시부족을 조사한 던바 교수는 마을을 구성하는 주민의 규모가 평균 150명이라는 사실을 발견한다. 또 인간이 효과적인 전투를 하려면 필요한 부대인원 역시 200명이 넘지 않아야 한다는 점도 확인한다. 이를 통해 던바 교수는 조직에서 집단을 관리할 때 150명이 최적이라는 자신의 추론이 틀리지 않다는 것을 확신하게 된다.

이후 던바 교수는 페이스북과 같은 SNS에서도 최적의 친분

관계는 150명이라는 결과를 내놓았다. 인맥이 수천 명에 이르는 사교적인 사람과 친구가 몇백 명인 보통 사람을 비교해서 얻은 결과라고 한다. 친구의 기준을 1년에 한 번 이상 연락하거나 안부를 묻는 것으로 삼고 조사해 보았더니, 두 그룹 간에 진정한 친구의 수는 별 차이가 없다는 것을 발견했다고 한다. 페이스북 친구가 수천 명에 달하는 사람도 실제로 긴밀한 관계를 유지하는 친구는 150명 안팎에 지나지 않았다는 것이다. 그중에서도 끈끈한 관계를 유지하는 건 20명도 채 되지 않았다고 한다.

'던바의 법칙'에서는 마음의 거리를 '5명(Kin) →15명(Super Family) →50명(Clan) →150명(Tribe)'의 단위로 끊어서 표현했다. 5명이나 15명 정도에서 가장 긴밀한 정서적 교감이 오고 가며 서로가 서로를 지켜줄 수 있다고 주장한 것이다. 이 수치의 근거는 던바 교수가 침팬지나 고릴라 같은 영장류들의 부족생활

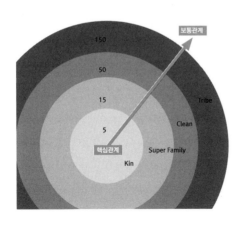

을 관찰하고 얻은 결과라고 한다. 일리가 있는 주장인지 여러분 스스로를 한 번 대입해서 생각해 보기 바란다.

가장 편한 마음의 거리, 이 대목과 관

련하여 아마존의 창업자 제프 베조스Jeff Bezos가 흥미로운 말을 하나 했다. "피자 두 판으로 부족하다면 그건 팀의 숫자가 너무 많은 것이다."라는 주장을 한 것이다. 일명 '피자 두 판의 법칙'으로 유명한 아마존팀 구성의 기준이다.

음식을 같이 먹을 수 있는 숫자에서 가장 퍼포먼스가 크게 일어난다고 주장하는 것이다. 미국인 기준으로 피자 한 판에 6조각이 나온다고 하는데 한 사람이 보통 피자 2조각을 먹는다고 한다. 그런데 3명은 무슨 일을 하기에는 인원이 너무 적고, 그래서 2판을 시켜서 1인당 2조각씩 6명이 한 테이블에 앉아서 피자를 먹는다는 것이다. 함께 음식을 먹으면서 이야기도 하고 정서적인 교감도 나누면서 즐겁게 시간을 보내면 훨씬 능률도 오르고 일도 재미있게 할 수 있다는 것이 아마존 베조스 회장의 주장이다. 실제로 아마존에서는 이런 룰을 적용해서 팀 운영을 하고 있다고 한다.

비슷한 맥락으로 나는 개인적으로 '테이블 2개의 원칙'을 주장하고 싶다. 모임을 가질 때 가장 먼저 고민하는 게 "인원은 몇 명으로 할까?"이다. '적으면 쓸쓸하고 많으면 산만한 것'이 고민인 것이다. 그래서 적용하고 있는 것이 '테이블 2개'다. 테이블 2개로 6~8명을 채우는 것인데 8명을 넘어가게 되면 테이블이 3개로 나뉘게 되고 그렇게 되면 오른쪽과 왼쪽의 사람들이 따로따로 이야기하게 된다. 의사소통이 안 되는 것이다. 그냥 만나서 밥 한번 먹었다는 의미이지 진정한 대화는 나누기가 어렵다.

테이블 2개가 정말 좋은 이유는 함께 이야기에 몰입할 수 있기 때문이다. 누가 이야기를 꺼내도 집중할 수 있는 거리이기 때문에 의사소통에 아무런 문제가 없다. 팀의 인원에 대해 여러 가지 실험을 해보았는데, 최대 8명을 넘지 않는 것이 최적이라는 결론에 도달했다. 원팀one-team이라는 것은 우리말로 하면 일종의 식구食口라는 개념인데, 한자 풀이의 식구는 밥 '식' 입 '구'를 쓴다. 즉 '같이 밥을 먹는 사람'이라는 뜻이다. 맛있는 음식을 같이 먹으면서 대화하고 이해하고 단합한다는 의미로 해석이 된다. 그러기 위한 최적의 숫자로 던바 교수는 5명, 제프 베조스는 6명, 그리고 나는 8명을 제시하는 것이다. 뿌리는 다르지만 해석의 이유는 같다.

'던바의 법칙'을 참고하여 인원의 단위를 정하고 일정기간 서로를 이해할 수 있는 시간을 만들어 주자. 어느 정도 육체적 정신적 거리감이 가까워졌다고 판단이 될 때 공간의 분리를 실시하는 것이 좋겠다고, 나를 찾아온 사장님에게 조언했다. 그렇지 않으면 다음카카오가 경험한 잃어버린 시간에 대한 전철을 밟을 가능성이 높다는 말을 했다. 그리고 국민적 프로그램이었던 무한도전이 왜 멤버를 항상 6명으로 유지를 했는지도 덧붙여서 전해주었다.

1. 자주 보는 얼굴에 더 친근감을 느끼는 건 당연한 현상이다.

2. SNS상의 친구를 진짜 친구로 착각해서는 곤란하다. 물리적 거리가 가깝다고 심리적 거리도 가까운 건 아니다.

3. 최고의 퍼포먼스는 6명 전후 사이에서 일어난다.

03 신체적 접촉은
탁월한 효과를 발휘한다

스포츠 동아리의 효과

어느 입시학원의 일을 하면서 새로운 경험을 한 적이 있다. 대부분 강사위주로 조직이 움직인다는 점이었다. 워낙 강사위주로 조직이 움직이다 보니 내부 직원들 사이에는 회사가 아닌 강사에 줄을 서서 움직이는 현상도 나타났다. 보통은 회사를 중심으로 움직이는 직원이 일반적인 모습인데, 여기서는 회사가 아닌 강사에 줄을 서고 강사의 입김으로 사람들이 움직이는 모습이 보편적이다. 이게 과연 정상적인 모습일까?

입시학원의 경우 강사 개개인의 입김이 매우 강하다. 강사 개인의 역량에 의해 회사의 매출이 좌우되는 구조를 갖다 보니 직원들이 향하는 방향도 회사보다는 강사를 향해서 정렬되어 있는 듯한 인상이다. 그건 아마 인센티브제도의 영향도 크지 않을까 생각한다. 강사가 담당하는 영역의 수강생이 늘어나면 당연히 이익도 많이 나고, 그러면 거기서 파생한 금액을 강사는 물론 그 라인에 있는 스텝과도 공유하는 시스템으로 돌아가기 때문이다.

그러나 여기에는 부작용도 있다. 유명강사의 경우 다른 입시학원으로 스카우트되어 이직하는 경우도 가끔 발생하는데, 동시에 그를 따라서 이동하는 스텝들도 적지 않게 발생한다는 것이다. 강사는 자신이 자체발광으로 지금의 위치에 와 있는 사람이지만 스텝의 경우 회사가 심혈을 기울여 육성해온 사람이다. 엄청난 투자에 의해서 그런 노련한 솜씨를 익히게 된 경우가 많다. 이런 투자의 산물이기 때문에 어찌 보면 회사의 자산이기도 한데, 그 자산이 회사와 연동되기보다는 외부자산 즉 강사와 연동되어 움직이는 일이 일어나는 것이다. 회사 입장에서는 손해일 수밖에 없다.

글의 서두에 소개한 입시학원에서 있었던 일이다. 유명강사들을 상당히 많이 보유하고 있는 학원인데 사탐영역의 유명강사가 어느 날 다른 학원으로 이적하는 일이 발생했다. 원래 유명강사의 경우 연봉 이외에도 회사의 지분으로 잡아두는 경우가 많은데 이 사람의 경우 그렇지 않았던 모양이다. 그래도 회사는 이런 일에 익숙해져 있었던지 그 강사의 이직의사를 듣고 다른 강사를 섭외해두었다. 비록 그 사람에 버금가는 인지도는 아니어도 어느 정도는 커버 가능할 것이라고 생각한 모양이다.

그런데 문제는 엉뚱한 데서 터져 나왔다. 그 강사가 옮겨가면서 관련된 스텝들이 모두 따라 나간 것이다. 마케팅부서에서 홍보를 담당했던 직원, 수강생의 모집과 관리를 담당하던 직원들이 회사를 떠났다. 이뿐이 아니다. 온라인에서 강의내용을 편집하고 자료송출을 담당하는 엔지니어 등, 각 부서에서 이 강사와 관련해서 일을 하던 사람들이 모두 회사에 사직서를 내는 일이 일어났다. 회사는 큰 타격을 입게 되었다. 다른 강사를 영입해서 그 강사의 자리를 채우려고 계획을 세웠는데 손을 쓸 수 없을 정도로 전방위적으로 구멍이 생긴 꼴이 되어버린 것이다. 조직관리를 너무 안이하게 여긴 결과다.

그런데 이런 일이 있고 난 후에 그 회사가 취한 후속조치가 더 한심했다. '인센티브가 부족해서 생긴 결과'로 정의를 내리고 남아 있는 사람들의 인센티브를 대폭 올려주었다는 것이다. 당연히 조직이 안정화되리라는 기대를 하면서 이런 조치를 취한 것인데 결과는 기대와는 다른 방향으로 계속 흘러갔다.

"이 바닥이 연봉 몇 푼에 학원을 옮겨버리는 강사들이 한 둘이 아닙니다. 강사들의 생리가 그렇습니다. 그래서 직원들도 거기에 많이 물들어 있는 거고요. 그래서 성과급을 조금 더 주면 안정화될지 알았지요. 그런데 오히려 상황이 더 악화만 되

어 가네요. 작년에 있었던 이직파동의 악몽이 다시 되풀이되는
듯한 느낌이에요."라는 관리이사의 하소연에 나는 한 가지 제
안을 해보았다. "스포츠동아리를 여러 개 만들어서 무조건 1인
1스포츠 가입을 의무화해 보세요. 그리고 거기 들어가는 돈은
전액 회사가 부담하고요."라고 말했다.

지금의 상황에서 직원들의 불만을 잠재울 뾰족한 방법이 달
리 없었던지 그곳의 관리이사는 이 제안을 받아들였다. 일단
사내에 축구, 야구, 농구, 볼링으로 구성된 4개의 동아리를 만
들었는데 종목들이 전부 개인이 아닌 팀 단위로 해야 하는 종
목들이었다. 개인 스포츠는 의미가 없다고 말을 해 둔 상태였
기 때문이다. 그 조언에 따라 팀을 만들고 장비도 사주고 1주
일에 하루는 스포츠 데이라고 해서 퇴근시간도 앞당겨주고 하
는 등의 조치를 취했다. 관리이사의 말에 의하면 여기에 투자
된 돈의 액수가 천만 원 정도 된다고 했는데, 그 정도 액수는 사
실 지급하려고 마음먹었던 인센티브금액의 1/10에 불과하다
고 했다.

그리고 1년이라는 시간이 다시 흘렀다. 직원들의 생각과 회
사 분위기를 알아보기로 했다. 그동안 관리이사를 통해 회사
돌아가는 상황을 가끔 듣기는 했지만 대부분 그분의 입을 통해
들은 내용이 전부였다. 남의 입을 통해 듣는 것보다 직원들의
입을 통해 상황을 알고 싶은 마음에 직접 설문조사를 해보기로
했다.

눈에 띄게 좋은 결과가 보였다. 이직률이 눈에 띄게 줄어들었을 뿐만 아니라 기대하지 않았던 강사진의 이직도 줄어들었다. 원래 이 제도의 취지가 거기서 일하는 일반 직원들, 즉 스텝들을 위한 제도였는데 그 긍정적인 효과가 강사 군에게도 미친 것이다. 기대치 않았던 효과에 기쁘긴 했지만 어떻게 이런 일이 가능했는지가 궁금했다.

이유는 밝아진 내부분위기에 강사들도 덩달아 신이 났다는 것이다. 심지어 직원들이 즐기는 스포츠 동아리에 같이 가입해서 그들과 같이 운동하며 회식에도 참여하는 강사들도 조금씩 늘어나는 분위기라고 한다. '다른 학원에서는 느낄 수 없는 매우 달콤한 맛'이라는 표현을 써가며 흐뭇해하는 강사도 있다고 한다. 아래는 직원들의 의식변화를 측정해 본 자료다. 정보보호를 위해 학원이름은 생략한다.

전년도와 비교하여 조직신뢰(2.8→3.3), 동료신뢰(2.5→3.9), 직무만족(3.1→3.5), 사내분위기(2.5→3.7), 조직의 성장가능성(3.3→3.5) 모두 상향 조정되었다. 정량적인 내용의 수치변화가

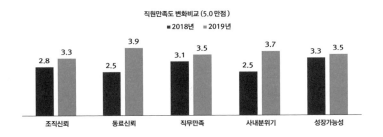

직원만족도 변화비교 (5.0 만점)
■2018년 ■2019년

아닌 정성적인 면을 물어보는 설문으로 이런 변화를 기록한다는 건 결코 쉬운 일이 아니다. 나도 많은 회사를 다니며 이런 조사를 수없이 해보았지만, 아무리 노력해도 기껏해야 0.5 안에서 움직인다. 하지만 위의 표를 보면, 동료신뢰나 사내분위기는 무려 1.5에 육박하는 상승을 보이고 있다.

별도의 질문으로 현재 가입해서 활동하고 있는 동아리활동에 대한 만족도를 물어보았다. 여기는 크게 팀장과 팀원으로 나누어 분석해보았는데, 한 가지 특이한 점은 팀장에 비해 팀원들의 만족도가 훨씬 높게 나왔다는 사실이다. 관리자들보다 일반직원들의 동아리 활용도 만족도가 더 높은 것이다. 기타 의견으로 들어온 내용을 보니 스포츠동아리는 확실히 동료들과의 관계증진에도 도움이 된다는 의견이 많았다. 또한 스트레스의 해소나 분출을 위해서도 상당히 유용한 도구로서 활용되고 있다고 말했다.

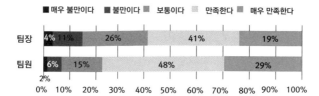

Q. 현재 활동하고 있는 스포츠 동아리에 대한 만족도는 어느 쪽입니까?

스킨십과 조직신뢰의 관계

이런 스포츠 활동이 조직운영에 도움이 된다는 사실은 특별히 내가 주창한 아이디어는 아니다. 이미 오래전부터 여러 사람의 실험이나 연구를 통해 검증되어 온 사실이다. 미국 버클리대학의 마이클 크라우스Michael Kraus 교수의 연구 「Tactile Communication, Cooperation, and Performance: An Ethological Study of the NBA, 2010」는 방대한 데이터에 근거하기 때문에 더 가치가 있다고 생각한다.

〈연구방법〉

크라우스 교수는 신체접촉이 사람과 사람사이의 상호 호감도 증진에 도움이 된다는 믿음을 가지고 있었다. 이런 상호 신뢰의 증진은 분명 성과에도 영향을 미칠 것으로 예측하였고 정말 그러한지 알아보기로 했다. 신체접촉이 가장 많은 곳은 아무래도 스포츠 업계일 것이다. 데이터를 구하기가 용이한 곳을 알아보던 중, 미국NBA 농구경기에 주목했다. 그래서 신체접촉이 농구경기 승률에 어떤 영향을 미치는지 알아보기로 한 것이다.

우선 2008~2009 시즌에 있었던 NBA 리그의 신체접촉을 분석했다. 경기 중에 팀원들 사이에 있었던 신체접촉을 비교 분석해보기로 한 것이다. 시합 도중에 선수들끼리 신체접촉이 많은 팀과 적은 팀을 비교하여 이 접촉이 경기 결과에도 영향을 미치는지 알아보기로 한 것이다. 신체접촉의 종류는 하이파이브, 포옹, 가슴치기, 주먹 마주치기, 어깨 두드리기 등과 같은 농구경기에서 일반적으로 선수들이 행하는 신체접촉 총 12가지를 기준으로 했다. 그리고 공분산분석ANCOVA: analysis of

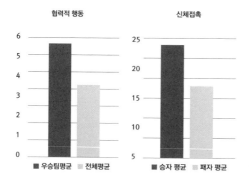

협력적 행동 / 신체접촉

우승팀평균 · 전체평균 / 승자 평균 · 패자 평균

covariance 법을 이용하여 데이터를 분석해보았다.

〈연구결과〉

그 결과 신체접촉과 협동심 사이에 밀접한 관련이 있음을 발견했다. 신체접촉은 협동심을 자극하여 경기의 승리에 영향을 미친다는 것이다. 협동심을 제외한 다른 변수들은 승률에 미치는 직접적인 효과는 현저하게 낮게 나왔다. 연구진은 개인별 능력의 차이도 중요하게 생각했다. 하지만 분석한 결과에 의하면 협동심을 제외한 다른 요인에서는 유의미한 결과가 나오지 않았다고 한다. 역시 협동심은 팀으로 경기를 하는 운동경기에서는 승리에 가장 중요한 역할을 하는 요소임을 다시 한 번 확인하게 되는 순간이다.

신체접촉의 증가는 협동심뿐만 아니라 상대방에 대한 신뢰관계의 증진에도 도움이 된다. 나는 이것을 검증하기 위해 간단한 실험 하나를 진행해본 적이 있다. 아르바이트 학생들을 대상으로 한 실험이다.

40명의 학생들을 대상으로 면접관 육성과 관련된 연수프로그램을 만드는 작업이었는데, 피면접자의 행동이나 심리상태

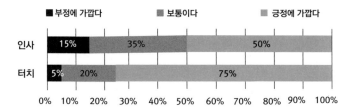

Q. 현재 일을 하고 있는 회사에 대해 느끼는 신뢰는 어느 쪽입니까 ?

■ 부정에 가깝다 　 ■ 보통이다 　 ■ 긍정에 가깝다

인사　15%　35%　50%

터치　5%　20%　75%

0%　10%　20%　30%　40%　50%　60%　70%　80%　90%　100%

를 분석하기 위하여 대학생 아르바이트를 고용한 것이다. 1주일간 우리 회사의 강의 장에서 하는 아르바이트였다. 학생들은 정해진 과업에 들어가기 전에 나와 인사를 하게 했는데, 총 40명의 인원을 20명씩 2개 그룹으로 나누고 A그룹에게는 하이파이브로 인사를, B그룹에게는 목례로 인사를 하게 했다. 물론 본인들은 이것이 무엇을 의미하는지 모르는 상태였다. 아르바이트가 끝나는 1주일 후에 그들이 느끼는 신뢰감을 측정해보았다.

　그들에게 일을 맡긴 회사에 대해 느끼는 감정이 어느 쪽에 가까운지를 체크하게 했다. 재미있지 않은가? 단지 아침인사의 방식만 바꾸었을 뿐인데, 그들이 아르바이트를 하는 회사에 대한 신뢰도에 차이가 발생한 것이다. 그것도 아침에 잠깐 나와 나눈 인사방식의 변화인데 말이다. 이런 것들을 보면서 확실히 '스킨십의 신비한 힘'을 새삼 느끼게 된다. 물론 지금은 사람과 사람의 접촉을 최대한 틀어막는 상황에 놓여 있다. 하지만 세상이 다시 정상적인 상황으로 돌아왔을 때, 팀워크 향상을 위해서는 스킨십만한 것이 없다는 점을 강조하고 싶어 이 장을 만들어 보았다.

1. 신체접촉은 친밀도를 증가시켜서 멤버 상호간의 애정 신뢰를 높이는 효과가 있다.

2. 팀워크의 향상이 팀 성과의 주요 매개변수가 된다는 점을 고려할 때, 멤버 상호간 접촉할 수 있는 기회를 가능한 많이 만들어주는 것은 성과에도 직접적인 도움이 된다.

04 조직의 정서적 전이는 강하고 빠르다

같이 일하기 싫은 사람 1순위

문제를 내보도록 하겠다. 요즘 인터넷에서 인기를 끌고 있는 질문이다. 아래의 답변에서 5번 항목에 들어가는 사람을 맞히는 문제다. 한번 맞혀 보기 바란다.

Q. 카톡하기 싫은 직장인 TOP 5

1. 퇴근 후 업무지시하는 상사
2. 재미없는 아재개그로 대화하는 상사
3. 매일 핑계대면서 지각하는 후배
4. 복사+붙여넣기로 연락하는 직원
5. ○○○○이 많은 사람(정답은 이 장의 마지막 부분에 올려놓았다.)

다음은 어느 조직에나 있는 4가지 유형의 직장인이다. 혹시 아래의 유형 중에서 '같이 일하고 싶은 사람을 선택하라'는 질문을 받는다면, 여러분은 몇 번을 선택하고 싶은가?

 1. 실력, 인간미 모든 것이 뛰어나서 조직에 도움이 되는 직원
 2. 업무실력은 뛰어나지만 인성 태도에 문제가 있는 직원
 3. 인성 태도는 좋지만 업무능력이 조금 떨어지는 직원
 4 .실력도 없고 인성 태도에도 문제가 있는 직원

'실력VS인간미' 어느 쪽의 동료와 같이 일하고 싶은가요?

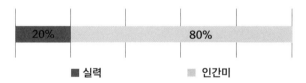

고민의 여지가 없는 유형은 1번과 4번이다. 1번은 당연히 최고의 동료에 들어갈 것이고 4번은 최악의 동료에 들어가기 때문이다. 문제는 2번과 3번이다. 질문을 바꾸어 '당신이 2번과 3번의 멤버 중에서 1명만 고를 수 있다면 누구와 같이 일하고 싶나요?'라고 말한다면, 몇 번이 선택될 확률이 높을까? 지금까지 수없이 많은 강연회의 장소에서 이런 질문을 던져 보았다. 시기와 장소에 따라 약간의 편차는 있지만 전체적으로 합산해서 통계를 내어 보면 2:8의 결론으로 나온다고 말할 수 있다.

강연회나 리더십교육의 자리에 참석한 사람들에게 그 이유를 물어보면 대답은 한결같다. "실력이 좋으면 뭐합니까? 인성 성격이 올바르지 못하면 조직 내 불화만 만들 뿐인데요, 일이라는 것이 혼자서 하는 것이 아니지 않습니까? 동료의 도움으로 같이 만들어내는 하나의 작품 같은 것인데 혼자 잘났다고 설치는 친구는 절대 도움을 받을 수 없어요."라는 말을 하는 사람들이 의외로 많다. 물론 "그래도 실력 있는 친구랑 같이 일하는 것이 좋지 않아요? 인성이 다소 떨어져도 똑똑한 동료가 필요해요."라는 목소리도 없지는 않았으나 이런 의견은 소수에 불과하다.

　그렇다면 인성이나 성격이 좋다, 또는 인간미가 훌륭하다는 기준은 무엇일까? 모두가 동의할 만한 객관적인 기준이 존재하고 있는 것일까? 물론 누가 보더라도 "저 친구의 인성은 '꽝'이야."라는 평을 듣는 직원도 있을 것이다. 그러나 문제는 대부분은 이런 기준점이 개인의 주관적인 잣대에 의해서 만들어진다는 점에 조직의 과제가 담겨 있다. 내 눈에는 형편없는 친구인데 모두가 그를 칭찬하는 현상, 내가 보기에는 정말 완벽한 친구인데 다른 사람들에게는 기피대상 1호로 취급받고 있는 현상을 말한다.

　여기서 큰 영향을 미치는 요소가 조직의 분위기다. 조직이 지금 어떤 분위기에 있느냐에 따라 인성이나 성격의 기준이 상당히 흔들리는 경우가 적지 않다는 것이다. 아울러 조직분위기는 타인의 행동을 평가하는 기준점에 있어서도 적지 않은 영향을 미치고 있다.

같은 직장 내에 A와 B가 있다고 하자. 어느 날 A가 PC화면을 쳐다보며 골똘히 뭔가의 생각에 잠겨 있다. 지금 하고 있는 일의 영감을 얻기 위해 인터넷 쇼핑몰을 여기저기 탐색하며 아이디어 탐구에 열중인 것이다. 이 모습을 지나가던 B가 우연히 보게 된다. 그의 머릿속에는 어떤 생각이 자리 잡을까? A의 의도를 모르는 B는 "모두가 현장을 누비며 아이템 발굴에 정신없는데 A는 한가하게 인터넷 쇼핑이나 하고 있고 세상 참 불공평하네."라는 생각을 갖지 않을까? 반면 아이디어를 얻기 위해 외근이 많은 B를 바라보는 A의 시선은 어떨까? 혹시나 B가 사무실에 있기 싫어서 밖으로만 돈다고 생각하지는 않을까?

물론 A와 B가 상대를 바라보는 시각이 맞을 수도 있다. 그러나 통계적으로 봤을 때, 많은 직장인들이 가지고 있는 오해 중의 하나가 나는 남들보다 더 많은 일을 하고 있고 나의 동료들은 나보다 노력의 정도가 덜하다고 생각한다는 것이다. 나도 그런 적이 있다. 직원이었을 때도 그랬고 조직을 이끄는 경영자의 위치에 있을 때도 그랬다. 나는 항상 내가 더 많은 고민을 하고 내가 더 많은 일을 하고 있다고 생각했다. "떨어지는 매출 때문에 나는 이렇게 고민이 많은데 왜 저들은 저렇게 한가하게 잡담이나 하고 있을까?" 하는 생각이 항상 내 머릿속을 차지하고 있었다.

그러나 어느 순간, 이런 생각은 나만의 착각에 불과하다는 사실을 깨닫게 되었다. 내 스스로가 자기합리화를 위해 매출 부진의 원인을 다른 곳에서 찾는 와중에 발생한 그릇된 해석 중의 하나라는 사실을 깨닫게 된 것이다. 기본적으로 사람들은 주변인보다 내가 더 많은 일을 하면서 살고 있다는 착각 속에 빠져 산다. 특히나 실적하락으로 심각한 고민에 빠져 있는 기업일수록 이런 현상은 심하게 발생한다.

Q1. 우리 부서의 성장과 발전에 나는 어느 정도 공헌하고 있나요?

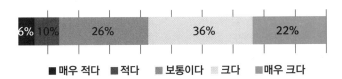

Q2. 우리 부서의 성장과 발전에 동료들은 어느 정도 공헌하고 있나요 ?

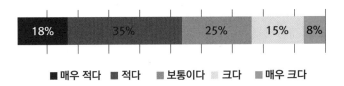

위의 데이터는 어느 회사의 4회에 걸쳐 이루어진 강연회에서 현장 조사한 것이며 응답인원은 총 180명이었다. 참고로 이 기업은 성장세가 꺾이면서 매출하락으로 큰 고민에 빠져 있는 상태에 있었다. Q1의 우리 부서의 성장과 발전에 대한 나의 공헌도는 어느 정도인지에 대한 결과는 '상당히 크다(58%), 보통이다(26%), 미미하다(16%)'의 순으로 나타났다. Q2의 다른 사람들의 공헌도는 어느 정도인지에 대해서는 '미미하다(53%), 보통이다(25%), 상당히 크다(23%)'의 순으로 나타났다.

나는 글의 서두에 사람들은 성격을 중요하게 여긴다고 말했다. 실력이 다소 떨어지더라도 주변사람들과 보조를 맞추어 같이 걸어갈 수 있는 '겸손한 사람'을 원한다고 말했다. 문제는 자신은 겸손한데 타인은 그렇지 않다고 생각하는 무드가 실적 때문에 고민하는 회사에는 상당히 높다는 사실이다. 실적이 좋지 않아서 이런 현상이 생기는지, 남 탓을 하는 이런 문화 때문에 실적하락이 발생하는지는 정확히 알 수 없다. 다만 확실한 것은 남의 탓을 하는 것도 일종의 전염병과 같다는 것이다. 때문에 조직은 이런 현상을 절대 방치해서는 안 된다.

썩은 사과의 파괴력

조직심리에서 쓰는 용어로 '썩은 사과Toxic Apple'라는 단어가 있다. 조직개발 컨설턴트이자 미국 안티오크대학 리더십과정 정교수인 미첼 쿠지Mitchell Kusy 박사가 제창한 용어로 일명 '썩은 사과의 법칙'이라고 불리기도 한다. 사과의 썩은 부위를 그대로 방치해 둘 경우 사과전체로 전염이 되어 그대로 버리지 않으면 안 된다는 뜻을 의미하는 용어로 쓰이고 있다.

쿠지 박사에 따르면, 조직의 썩은 사과는 다음 3가지 특징이 있다고 한다.

1. 조직이나 동료에 대해 험담하기
2. 동료에게 창피를 주거나 동료의 공을 가로채기
3. 동료의 도움요청에 소극적으로 임하거나 업무를 방해하기

쿠지 박사는 썩은 사과의 영향력에 대해 알아보기 위해 한 가지 실험을 해보기로 했다. 어느 공장의 직원들에게 초소형 녹음기를 나눠주고 동료나 상사와의 대화가 긍정적이었는지 혹은 부정적이었는지, 또 그때 어떤 기분을 느꼈는지 기록하게 했다. 직원들은 최대 3주간 녹음기를 휴대하며 직장 내의 일상적인 대화를 기록했다. 실험이 종료되고 연구진이 녹음 내용을 분석했더니 긍정적인 대화가 부정적인 대화보다 3~5배 정도 많다는 사실을 밝혀냈다. 또한 직원들의 기분에 미치는 영향은 부정적인 대화가 긍정적 대화에 비해 무려 5배나 크다는 사실도 알아냈다..

이상에서도 알 수 있듯이 부정의 언어는 긍정의 언어보다 파괴력이 훨씬 크다. 그것도 무려 5배나 큰 영향력의 차이다. 일상에서 사용하는 언어의 빈도수는 긍정의 언어가 훨씬 많다. 그러나 좋은 말은 사람들의 기억 속에 오래 남아 있지 않다. 반면, 부정적인 언어는 사용하는 빈도수는 적지만 그 영향력은 훨씬 크다고 할 수 있다. 그래서 뉴스에서는 자극적인 기사만 난무하는 모양이다. 자신들의 매체 영향력을 올려야 하기 때문에 자극적인 기사로 뉴스를 도배하는 것이다. 시청률을 올리기 위한 어쩔 수 없는 생존법칙일지도 모른다. 문제는 이런 기사

들이 입에서 입으로 퍼져간다는 것이다. 그리고 사람들의 정신 세계를 조용히 병들게 한다는 점이다.

여기서 우리는 최근 유행하고 있는 '조직의 전염성'이라는 단어에 주목할 필요가 있다. 미국 미시건 대학교의 노버트 케르Nobert L. Kerr 교수는 연구 「How many bad apples does it take to spoil the whole barrel?: Social exclusion and toleration for bad apples, 2009」를 통해 "조직의 분위기에 따라 썩은 사과가 미치는 영향력의 정도에는 큰 차이가 있다."고 말했다.

〈연구모형〉

실험을 위해 심리학을 수강하는 356명의 학생들을 모집하여 어떤 목적의 실험인지를 알리지 않고 다음 2가지 상황에 그들을 참여시켰다. 상황은 협력적 상황과 비협력적 상황을 만들었으며, 각각의 상황에 5인 1조의 그룹으로 학생들을 구성하여 NPD게임을 하게 하였다. 그리고 각자에게 5달러에 해당하는 코인을 나누어주었다. 개인적인 이익을 추구하면 1:1의 이익이 돌아오지만, 공익의 이익을 우선시하면 본인이 투자한 금액의 2배에 해당하는 이익금을 받을 수 있게 상황을 설정한 후에 그들이 어떻게 문제해결에 접근하는지를 살펴보았다.

〈연구결과〉

비협력적인 상황에서는 썩은 사과의 숫자가 많을 때, 배타적 행위도 높게 나오는 것으로 나타났다. 참가자들은 일반인의 숫자보다 썩은 사과의 숫자가 많아질 때야 비로소 그들의 의견에

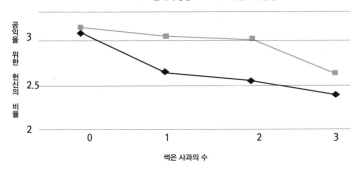

동조하는 경향을 보였다. 이에 비해 협력적인 상황에서는 다른 결과가 나왔다. 썩은 사과가 단 한 명 출현했음에도 불구하고 공익을 위한 헌신의 비율이 절반으로 떨어지는 행동을 보여주었다. 이런 경향은 썩은 사과의 숫자가 늘어난다고 해서 급격하게 다시 떨어지지는 않았다. 일정한 비율로 서서히 자기공헌을 줄여가는 현상을 보여주었다.

이는 상황에 따라 썩은 사과가 미치는 영향에 차이가 있음을 보여준다. 서로 간에 배타적인 성향이 강한 분위기의 회사에서는 썩은 사과가 미치는 영향은 그리 크지가 않다. 썩은 사과의 비율이 구성원의 절반 이상을 자지 할 때, 비로소 또 한 번의 강한 영향을 미치게 된다. 반면, 구성원 간의 협력적인 분위기가 강한 조직의 경우는 썩은 사과가 단 한 명 출현하더라도 조직에 대한 구성원들의 헌신의 정도가 절반이상 떨어지는 악효과를 낳는다는 사실을 암시한다

비록 학생들을 대상으로 한 실험을 통해서 밝혀낸 결과이긴

하지만 조직의 상황에서도 이 법칙은 그대로 적용된다. 썩은 사과는 함께 일하는 구성원들의 사기를 떨어뜨리고 회사에 대한 애정도를 떨어뜨리는 묘한 힘을 가지고 있다. 조직의 사소한 실수도 악랄한 비방을 불어넣어 전파시키는 힘이다. 사실이 아닌 것도 썩은 사과의 입을 통하면 마치 진실인 것처럼 들리는 현상이 생긴다.

이유는 내용 자체가 부정적인 언어로 구성되어 있으며 이런 부정의 언어는 영향력이 훨씬 강하기 때문이다. 특히나 힘든 상황에 처한 기업일수록 썩은 사과의 위력은 더 힘을 발휘한다. 매출하락으로 조직 분위기가 좋지 않은 상황에서는 뭔가의 핑곗거리가 필요한데, 이유나 원인을 내가 아닌 타인에게 집중해서 찾고자 하는 현상이 두드러지게 나타나기 때문이다.

이를 피하기 위해서는 평소의 훈련이 필요하다. 부정의 바이러스를 차단하고 긍정의 바이러스가 조직에 퍼지도록 평상시에 그 분위기를 만들어 놓는 조직 차원의 노력을 말한다. 그리고 썩은 사과가 발견될 시에는 그때 바로 제거해야 한다. 두려워하거나 주저할 이유가 없다.

글의 서두의 설문조사에서 인용한 "모두가 함께하고 싶은 동료는 인성 태도가 좋은 친구입니다."고 말한 직장인들의 말에서 자신감을 얻기 바란다. 아 참, 질문에 대한 답도 같이 소개할 때가 된 것 같다. 정답은 '불평불만'이다.

1. 일상적인 언어는 긍정의 언어가 3배 더 많다. 그러나 말이 미치는 영향력은 부정의 언어가 긍정의 언어보다 5배 더 강하다.

2. 썩은 사과의 행동은 조직을 병들게 한다. 이렇게 해서 생긴 피해는 구성원 모두가 떠안아야 한다.

05 같이 일하는 사람들이 행복을 결정한다

사람들은 인생의 행복지수를 결정짓는 중요한 결정타가 3개 있다고 말한다. 어느 나라에서 태어나느냐, 어느 부모에게서 태어나느냐, 그리고 어떤 배우자를 만나느냐고 한다. 그리고 사람들은 이렇게 말한다. "어디서 태어나느냐, 누구의 자녀로 태어나느냐는 자신의 의지하고는 상관이 없다. 그러나 어떤 배우자를 만나느냐는 자신의 결정사항이기 때문에 여기서 발생하는 운명은 자신의 손에 달려 있다."고 말한다.

맞는 말이다. 그런데 가장 중요한 한 가지가 빠져 있는 듯하다. 사회적 동물로서의 인간을 생각할 때, 사회생활에 꼭 필요한 '동료'라는 중요한 개체 하나가 빠져 있다. 우리 인생의 대부분을 보내야 하는 조직생활에서 내가 어떤 상사를 만나고 어떤 동료를 만나느냐는 매우 중요한 문제이기 때문이다. 그리고 이 문제는 배우자 선택처럼 우리의 결정사항이기 때문에 현명하게 선택할 수만 있다면 행복한 인생을 담보할 수도 있다. 또한 이 문제는 너무나 중요하기에 개인의 선택사항으로 남겨두기보다는 조직도 같이 애써서 그 환경을 만들어주어야 한다고 주장하고 싶다.

조직은 좋은 멤버들을 채용하고 좋은 동료들로 채워 나가야 한다. 이런 정책은 그 무엇보다도 우선시되어야 하며, 이를 실현하는 것이 최고의 복지임을 알아야 한다. 그렇게 생각하는 이유는 어떤 조직에서 사회생활을 하느냐가 내 인생의 행복지수를 결정짓는 4대 요소에 들어가기 때문이다. 여기서 나오는 행복지수는 같이 생활하는 사람으로부터 나온다고 말하고 싶다. 왜 그렇게 생각하는지를 강조하기 위해 아주 오래전에 경험한 일화 하나를 소개하고자 한다.

10여 년 전에 나는 갑작스럽게 생긴 직무조사시스템의 개발 때문에 친구의 후배 한 명을 채용한 적이 있다. 그런데 나중에 알고 보니 그 후배는 입만 열면 거짓말을 하는 친구였고, 그런 친구를 방치한 덕분에 2~3명의 성실한 직원들이 퇴사하는 홍역을 치른 적이 있다. 거짓말을 일삼았던 후배는 기술개발직에 있었던 친구였는데, 갑자기 필요한 시스템 개발 때문에 친한 친구의 소개로 알게 된 프로그래머였다.

친구의 소개도 있고 해서 아무런 의심 없이 고객의 일을 맡기게 되었는데, 하는 일마다 거짓말로 변명만 늘어놓았던 기억이 지금도 머릿속에 생생하다. 단 한 번도 약속한 날짜를 지켜본적이 없는 친구였다. 변명으로 일관하다 결국 납기일을 준수하지 못해 위약금을 물어본 적도 있다.

결국은 어느 날 소리 없이 사라지는 바람에 하던 일도 중단되고 회사가 큰 피해를 보면서 그 친구와의 인연도 겨우 정리가되었다. 그런데 그 친구의 퇴사는 그 친구 하나로 끝나지 않았다. 짧은 순간 그 친구의 현란한 화술에 동화된 젊은 직원 두 명이 동반 퇴사하는 바람에 조직은 한동안 큰 곤란을 겪었기 때문이다. 젊은 신입들 두 명이 그 친구와 어울리면서 급속도로같은 색깔로 물들어 갔고 급기야 비슷한 행태를 보이며 퇴사했기 때문이다.

거짓말을 일삼았던 후배에게는 항상 같이 붙어 다녔던 친구가 있었다. 나중에는 우리 회사에 직원으로 채용되었는데, 그친구 때문에 또 한 번 난리가 난 적도 있다. 끼리끼리 어울려 다닌다는 말이 그때처럼 실감나던 시절은 없었다. 비슷한 사람이랑 가까워지는지, 가까이 지내다 보니 비슷해지는 것인지는 모르겠으나 사람들은 경제적 정신적 컨디션이 비슷한 사람들과어울려 다니는 경향이 분명히 있는 것 같다. 이런 이유 때문에좋은 사람들로 동료관계를 만들어주어야 한다고 말을 하는 것이다. 회사를 위해서 직원을 위해서 성실하고 정직한 사람들로 조직을 채워가야 한다.

"행복한 사람은 주변을 행복하게 만들고 게으른 사람은 주변을 짜증나게 만든다."는 말이 있다. 2014년에 발간된 동아 DBR 158호에 실린 '행복한 사람이라야 남을 안다'라는 제목으로 실린 글의 일부이다. "사기를 진작시키는 최고의 방법은 사람들에게 행복으로 나아가게 유도하는 것이다. 하지만 행복으로 가는 길을 아무나 유도할 수 없다. 자신이 행복하지 않은 사람은 남을 행복하게 할 수 없으며 사기도 진작시킬 수 없다. 사람들은 행복으로 나아갈 때 사기가 오르고 신이 난다. 그런데 무한한 행복은 남과 하나가 될 때 찾아지는 것이다. 나와 하나가 돼주는 사람을 만나면 사람들은 행복해진다." 행복한 환경에서 자란 사람들로 조직을 채워야 하는 이유가 여기에 있다.

하버드 의과대학의 니컬러스 크리스태키스Nicholas Christakis 교수는 이를 가리켜 '사회적 관계망현상'이라고 말했다. 그는 〈사회적 관계망이 우리의 행복에 미치는 영향〉에 대한 보고서에서 "가까운 사이는 서로 닮아 간다."는 말을 했다. 그 증거로 그가 하버드에서 10년 동안 환자들을 마주하며 기록한 상담기록을 공개했다. 『Connected: The Surprising Power of Social Networks and How They Shape Our Lives』라는 제목으로 나온 책의 주요 내용은 자라난 환경이 약물남용, 불면증, 흡연, 음주, 식이장애, 행복 같은 것에 미치는 영향에 대해 분석한 것이다.

책에 따르면, 친한 친구가 비만이 되면 나도 그렇게 될 가능성이 57퍼센트나 높아진다고 한다. 왜 그럴까? 보고서에 의하면, 인간은 자주 보는 사람들의 모습과 행동을 바탕으로 자신의 판단기준을 세우기 때문이라고 한다. 시간이 흐르면서 우리는 자주 어울리는 사람과 비슷하게 생각하고 행동하고 심지어 겉모습까지 닮아 간다는 것이다. 자주 만나는 사람들의 태도와 건강습관 뿐만이 아니다. 그들의 상대적인 성공도 우리에게 영향을 미친다는 것이다.

위에서 소개한 실험의 결과들을 조직의 환경으로 가져가서 생각해보도록 하자. 가장 많이 시간을 보내는 사람들을 닮아간다는 가설이 틀림이 없다고 한다면, 좋은 동료를 만나면 행복이고 좋지 않은 동료를 만나는 건 불행의 시작이라고 볼 수 있다. 거기에 더해 심리적으로 믿고 의지할 수 있는 관계형성은 인간관계와 업무관계의 어려움을 극복하는 데 큰 도움이 된다는 의미이기도 하다. 그렇다면 기업들이 고민하고 있는 조직문화의 중심에는 '동료'라는 단어가 들어가야 하지 않을까?

그런데 왜 모든 기업들은 조직문화를 설계함에 있어서 항상 '복리후생'적인 측면에서만 고민을 하는 걸까? 과연 일하기 좋은 직장, 행복한 직장의 모습은 월급이 많고 복리후생이 좋은 기업의 이미지일까? 그렇다면 평균급여가 가장 높다는 제3금융권의 신입사원 퇴사률이(실제로 이들의 퇴사률은 30%에 육박한다) 가장 높은 이유는 무엇으로 설명해야 할까? 회사에 대한 자부심을 불러일으키는 요소가 '돈'이라는 말은 어디에서 나온 것일까? 잘못된 가설로 인해 많은 기업들이 조직문화를 설계함에 있어서 상당히 많은 시행착오를 겪고 있는 것이 현실이다.

동료라는 이름의 자부심

아래의 자료는 지난해 핵심가치 전파교육을 위해 방문한 어느 기업의 직원들을 대상으로 조사한 설문 결과다. 총 207명(20대 19명, 30대 50명, 40대 116명, 50대 22명)이 설문에 응답해 주었으며, "회사에 대한 자부심은 어디서 오는가?"라는 질문에 대해 20대를 제외한 모든 연령층이 동료라고 답해주었다. 20대의 경우 동료(11%)보다는 사업영역(32%), 급여(21%), 복지(21%)의 순으로 중요도를 표시해 주었는데, 생각해 보면 충분히 일리 있는 답변이라는 생각도 든다. 학교를 졸업하고 어디에 어떤 조건으로 취직하느냐가 그들에게는 가장 중요한 관심사항이기 때문이다.

그런데 여기서 한 가지 눈에 띄는 대목이 있다. 동료에 대한 중요도가 연령대가 올라갈수록 더해간다는 점이다. 30대 36%,

Q. 회사에 대한 자부심을 가장 크게 부르는 요소는 무엇인가?

연령대	경영진	동료	사업영역	사회공헌	급여	복지	기타	총합계
20대	0%	11%	32%	5%	21%	21%	11%	100%
30대	0%	36%	20%	8%	16%	12%	8%	100%
40대	9%	47%	29%	0%	9%	3%	3%	100%
50대	9%	55%	27%	0%	0%	0%	9%	100%
총합계	6%	42%	27%	2%	11%	7%	6%	100%

40대 47%로 가더니 50대에서는 급기야 55%까지 상승한다. 나이를 먹을수록 같이 일하는 사람들이 얼마나 중요한지를 더욱 더 깨닫게 되어 간다는 증거일 것이다.

위에 제시한 자료들을 정리해 보면, 동료는 조직에 느끼는 자부심이나 조직분위기에 큰 영향을 미친다는 사실을 알 수 있다. 개인적으로는 100% 동감한다. 같이 일하는 부하직원이나 동료가 불성실하거나 실력이 부족하면 은근히 화가 날 때가 있다. 반면 그들의 스마트함으로 인해서 고객으로부터 칭찬을 받을 때는 조직에 대한 자부심에 어깨가 으쓱해지는 것이 사실이다. 이런 멋진 친구들이 나의 동료라는 사실에 왠지 모르게 뿌듯함을 느낄 때도 있다. 반면에 아마추어 같은 미숙한 업무처리로 창피함을 주는 상황이나 사회인으로서 성숙하지 못한 행동도 마주하게 될 때가 있다. 이런 때는 솔직히 그들과 같은 회사의 직장동료라는 사실이 부끄럽기도 하다.

역시 직장생활에서 가장 중요한 건 '나와 같이 일하는 사람들이 어떤 사람들이냐'에 달려 있는 것 같다. 사람들이 한결같이 원하는 이상적인 동료의 모습은 진실하고 예의 바른 사람이다. 그리고 긍정적이고 행복한 사람을 모두가 원하고 있다. 반대로 게으르고 거짓말하는 사람들을 제일 싫어한다.

같이 일하는 사람들과의 관계성은 내재적 동기부여에도 상당한 영향을 미친다는 연구결과가 있다. 미국 스탠포드대학의 그레고리 왈톤Gregory Walton 교수의 실험 「Cues of working together fuel intrinsic motivation,2014」에 담긴 내용이다.

〈연구방법〉

연구진은 실험에 참여할 학생들을 모집하고 참여한 사람들에게 유럽지도를 주면서 각 나라별로 다음 조건하에서 색을 칠하게 했다.

1. 인접한 국가에 색을 칠한다.
2. 인접 국가 간에는 같은 색을 칠할 수 없다.
3. 반드시 5가지 이내의 색을 써야 한다.

예를 들면, "독일과 오스트리아는 붙어 있으니 서로 다른 색을 칠해야 한다. 마찬가지로 스페인과 포르투갈도 붙어 있으니 서로 다른 색을 칠해야 한다."와 같은 조건을 붙인 것이다. 실험의 목적은 이처럼 어려운 문제를 풀 때, 친한 친구가 있는 경

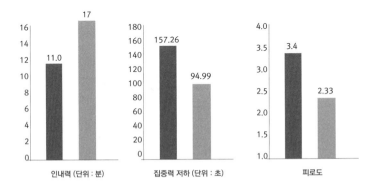

우와 없는 경우 어떤 차이가 있는지를 알아보는 것이었다.

〈연구결과 1〉

앞에 있는 세 개의 박스 안에 왼쪽 막대는 팀 안에 친한 친구가 없는 경우이고, 오른쪽 막대는 친한 친구가 있는 경우이다. 그래프의 순서는 인내력-집중력-피로도의 순서로 되어 있다.

첫 번째 인내력은 친한 친구가 있는 그룹이 친구가 없는 그룹에 비해 높게 나왔다. 두 번째의 질문은 집중력 저하를 나타낸 것이다. 수치가 낮을수록 집중력 저하가 적다는 의미이다. 친한 친구가 있다고 말한 오른쪽이 집중력의 저하 정도가 낮게 나왔다. 이 말은 친구와 함께 지도 그리기에 참여한 참가자들이 친구가 없는 참가자들보다 집중력이 더 높다는 의미로 해석할 수 있다. 세 번째 피로도는 친한 친구가 있는 그룹이 낮게 나왔다. 피로도를 훨씬 적게 느꼈다는 의미다.

〈연구결과 2〉

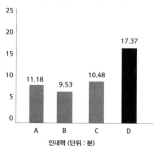

다음은 완전히 혼자인 그룹(A), 친구가 있을지도 모른다고 생각하는 그룹(B), 누군가와 경험을 공유하는 그룹(C), 친한 친구가 있는 그룹(D)으로 나누어 각각의 상황에서 사람들이 느끼는 인내심의 정도를 측정해보았다. 친한 친구가

있는 그룹이 다른 그룹에 비해 짜증내지 않고 지도 색칠하기에 더 끈기 있게 매달렸다. 믿고 의지할 수 있는 친구들이 있다고 답한 그룹의 학생들이 다른 그룹에 비해 월등히 높은 인내력을 보여준 것이다.

아무튼 같이 일하는 동료들의 성실함과 정직은 우리에게는 매우 중요한 문제다. 불평불만이 많은 동료하고 일하게 되면 이상하게 일이 꼬이는 경우가 많기 때문이다. 반대로 정직하고 긍정적인 동료들은 일의 보람과 기쁨을 배로 안겨준다.

"사람과 사람 사이에 퍼져가는 것은 병균뿐만이 아니다. 행동도 전염된다."고 말한 크리스태키스 교수의 말에서 어떤 동료들과 같이 생활해야 하는지에 대한 명확한 답이 담겨 있는 듯하다. 결국 조직생활의 행복과 불행에 가장 크게 영향을 미치는 것은 '같이 일하는 사람들'이라는 것이다. 때문에 회사는 좋은 사람들로 조직을 채워가야 한다. 회사의 노력도 중요하지만 부서나 팀을 맡고 있는 리더의 역할이 더 중요하다.

> **요약정리**
>
> 1. 완벽한 팀은 멤버들이 각자의 역할에 대해 명확히 인지하고 있으며 같이 일하는 동료에 대한 믿음이 높은 조직이다.
>
> 2. 일 때문에 받는 고통은 참을 수 있어도 사람 때문에 받는 고통은 참을 수 없다. 결과적으로 팀원들이 서로를 대하는 방식이 팀의 결과를 좌우한다.

06 완벽한 팀은
동료를 대하는 모습이 다르다

  본론에 들어가기 전에 우리나라 직장인들이 느끼는 스트레스 지수에 대해 살펴보고자 한다. 아래의 설문은 스트레스가 미치는 심리적 영향에 대해 알아보고자 국내 직장인들을 대상으로 연구 조사한 보고서의 일부다. 지난 1년간 강연회에 참석한 직장인과 교육의 현장에 참여한 수강생들을 대상으로 스트레스와 인관관계에 대해 물어본 자료다. 무엇보다도 특이했던 점은 스트레스의 순위가 '인간관계(43%) 〉 일 관계(30%) 〉 근무환경(15%) 〉 복리후생(7%) 〉 기타(4%)'의 순위로 나왔다는 점이다.

  여기서 한 가지 눈에 띄는 대목이 있다. 스트레스의 요소 중

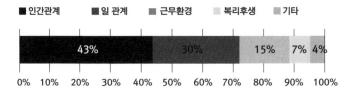

Q. 다음의 항목 중에서 가장 큰 스트레스는 무엇입니까?

■ 인간관계   ■ 일 관계   ■ 근무환경   ■ 복리후생   ▨ 기타

에서 가장 큰 비중을 차지하고 있는 '인간관계'라는 대목이다. 물론 조직생활을 하는 사람이라면 새삼스러운 내용도 아니긴 하지만 그래도 신경 쓰이는 대목이다. 위의 도표에서도 드러났듯이 직장인들 스트레스의 거의 대부분은 '인간관계(43%)'와 '업무관계(30%)'에 집중되어 있다. 이 두 가지 문제에 대한 해결책 없이는 완벽한 팀을 만드는 작업은 멀고도 험난한 여정이 될 가능성이 크다고 볼 수 있다. 이유는 집단의 자존감을 높여 주는 데 있어서 가장 큰 방해요소가 되기 때문이다.

다음으로 설문에 참여한 응모자들 중에서 관리자들만 따로 떼어내보았다. 그리고 누구에게서 주로 스트레스를 받는지 분석했다. 우선 그들에게 지배구조가 전문경영인 제체인지, 오너경영인 체제인지를 체크하게 했다. 이유는 지배구조에 따라 스트레스를 주는 인물의 영향력도 다소 차이가 있기 때문이다. "누가 가장 큰 스트레스를 주는가?"를 물어보았더니 아래와 같은 결과가 나왔다. 전문경영인의 구조에서는 대표이사(22.5%), 직속상사(33.3%), 팀원(11.1%), 고객(33.3%)의 분포도였고, 오너경영인 구조에서는 대표이사(13%), 직속상사(17.4%), 팀원(34.8%), 고객(26.1%)의 분포였다.

조직의 중간관리자들이 받는 스트레스의 발신지는 경영체제에 따라 약간의 차이가 있어 보인다. 전문경영인 체제에서는 직속상사가, 오너경영인 체제에서는 같이 일하는 팀원들이 가장 크게 영향을 미치고 있는 것이다. 그 이유에 대해서는 별도의 항목으로 받아 본 주관식 서술형에서 유추해보고자 한다. 아래의 내용은 그들이 작성한 항목을 비슷한 의미의 문장으로 묶어 본 것이다.

〈전문경영인 체제의 관리자〉

1. 단기실적에 대한 압박이 너무 심하게 내려오는 것 같다.

2. 때로는 시간이 필요할 때가 많은데, 위에서는 기다려주지 않을 때가 많다. 길게 보고 개발계획도 잡고 판매계획도 잡고 그러는 것이 정상인데, 조금만 결과가 늦어져도 무섭게 다그친다.

3. 중장기적 관점에서 인력계획을 수립할 수 없다. 빨리 결과를 내야하기 때문이다.

〈오너경영인 체제의 관리자〉

1. 우리 회사는 대표의 입김이나 영향력이 너무 강하다.

2. 모두가 위만 보고 있다. 사장님이 알아서 해주시겠지, 하는 분위기가 너무 팽배해 있다.

3 움직이지 않는 수동적인 조직이 되어버렸다. 스스로의 판단으로 일을 하는 직원이 보이지 않는다.

조직에서 가장 중추적인 역할을 하는 인물은 중간관리자다. 그들의 인간관계 갈등은 지배구조의 차이에 따라 약간의 차이가 있어 보인다. 우선 전문경영인 체제에서는 지속상사와의 사이에서 가장 큰 갈등이 발생한다. 이유는 그들의 상사들이 단기실적을 중요시하기 때문이다. 임기 내에 자신의 업무능력을 보여주어야 하는 전문경영인 체제에서는 비즈니스 로드맵을 짧게 가져갈 수밖에 없다. 그러다 보니 현장 관리자들과의 사이에 마찰이나 갈등이 자주 발생하는 것이다.

이에 비해 오너경영인 체제의 관리자들은 반대의 현상이 발생한다. 위로부터의 압박보다는 아래에서 발생하는 상대적 여유로움에 스트레스를 느끼는 것이다. 오너의 입김이 워낙 강하다 보니 위만 쳐다보는 현상이 생긴다. 문제가 생겨도 위에서 해결할 문제지 우리가 나설 문제는 아니라는 생각을 갖는 것이다. 이런 인식이 수동적인 조직문화를 만들고 팀장과 팀원 사이에 갈등의 골을 깊게 만드는 요인이 된다. 갈등구조를 합리적으로 해결하기 위해서는 이런 경영체제의 차이도 알아 두어야 한다.

추가로 관계갈등이 업무갈등보다 훨씬 심각한 영향을 미친다는 사실을 과학적으로 분석한 논문 하나를 소개하고자 한다. 스위스 뇌샤텔대학의 로렌즈 마이어Laurenz L. Meier 교수는 논문 「Relationship and Task Conflict at Work: Interactive Short-Term Effect on Angry Mood and Somatic Complaints, 2013」를 근거로

"업무보다도 관계갈등이 스트레스의 주범이기 때문에 조직은 인간관계의 개선에 주력해야 한다."고 말했다.

〈연구방법〉

마이어 교수의 연구팀은 우선 평범한 직장인들을 대상으로 스트레스가 수면에 미치는 영향에 대하여 연구했다. 실험에 참여한 사람은 131명이었으며 그들은 2주 동안 연구에 참여했다. 연구팀은 실험참가자들로 하여금 하루 업무가 시작하기 전과 업무가 끝난 후, 그리고 취침에 들기 전의 스트레스 상황에 대해 스스로 체크하도록 지시를 내렸다. 스트레스의 종류는 인간관계와 업무관계로 분류하였고, 스트레스와 관련된 구체적인 사건과 어느 정도의 스트레스를 느꼈는지에 대한 레벨도 함께 기록하게 요청했다.

〈연구결과〉

업무분쟁이 낮은 집단과 업무분쟁이 높은 집단으로 나누어 결과를 취합해보았다. 우선 정신적인 스트레스와 관련해서는 조직 내 인간관계가 미치는 영향은 업무분쟁과 큰 관련성이 눈에 보였다. 업무분쟁이 많은 집단의 경우는 인간관계가 정신적인 스트레스에 큰 영향을 미치지 못하였다. 그러나 업무분쟁이 적은 집단의 경우는 동료와의 문제가 바로 정신적인 스트레스로 연결이 되었으며, 이런 스트레스는 다음 날 아침까지도 그대로 유지되었다.

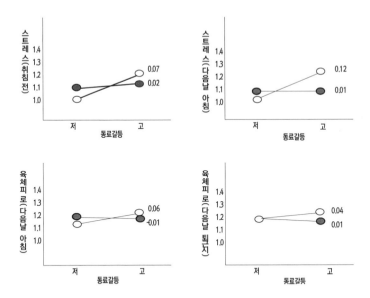

　다음은 육체적으로 느끼는 피로도이다. 인간관계가 육체피
로에 미치는 영향은 업무분쟁이 많든 적든 그리 크지 않은 것
으로 나타났다. 다만 미미한 수치이긴 하지만 업무분쟁이 적
은 집단이 동료갈등이 높아질 때 약간씩 신체적으로 느끼는 피
로의 수치도 높아가는 것으로 나타났다. 전체적인 결과로서는,
동료갈등 때문에 느끼는 정신적 스트레스는 취침전보다도 다
음 날 아침에 더 높게 올라간다는 사실이 눈에 띄는 특징이라
고 말할 수 있겠다.

　회사에서 발생한 관계갈등은 집에 돌아와서도 심지어 그 다
음날에도 여전히 남게 된다. 아마도 사람에 따라서는 계속해서
증가하는 경우도 있을 것이다. 다음 날 회사에 출근하여 관계

갈등에 있는 사람을 마주하게 된 경우를 상상해 보자. 참을 수 없는 스트레스의 연속이 되지 않을까? 이런 상황에서는 업무성과는 고사하고 주변 사람들에게 의도치 않은 고통을 안겨주는 일도 발생할 것이다.

따라서 리더는 이런 인관관계의 갈등이 개인의 일이기 때문에 회사가 관여할 내용은 아니라는 관점을 버려야 한다. 구성원 개개인의 인간관계의 갈등이 일어나지 않도록 세심한 관심을 갖고 갈등방지를 위해 노력하는 것도 리더의 큰 역할이다.

구글이 밝힌 완벽한 팀의 모습

'구글'에서도 조직 내 인간관계의 문제해결에 엄청나게 공을 들인 적이 있다. 구글 같은 테크기업이 그것도 전 세계에서 최고의 인재들만 모아 둔 기업이 '인간관계?' 하고 의구심을 가질 수도 있다. 직원만족도 1위, 가장 입사하고 싶은 회사 1위, 업무효율성 및 혁신지수 1위 등 분야를 막론하고 모든 영역에서 가장 선도적인 기업으로 극찬을 받고 있는 조직이 바로 구글이기 때문이다. 이런 구글에서 조차도 해결하지 못한 문제가 있었다. 바로 팀과 팀의 격차였다. 어느 조직에나 있는 상위 20%와 하위 20%의 법칙이 여기서도 존재하고 있었던 것이다.

이 문제를 해결하기 위해 구글에서는 2012년 코드네임 '아리스토텔레스 프로젝트'라는 팀을 발족했다. 구글에 있는 수백 개의 팀을 연구해서 어떤 팀이 가장 효율적으로 일하는지, 그리고 최고의 성과와 효율성을 내는지에 대해 연구했다. 여기서 생긴 차이점을 분석해서 교육프로그램을 만들고 이 프로그램을 통해 성과가 처진 팀을 개선시키자는 취지였다. 수십 명의 심리학자, 사회학자, 통계학자로 구성된 아리스토텔레스팀이 1년 이상을 매달린 끝에 밝힌 가장 완벽한 팀의 모습은 '리적 안도감'이 있는 조직이었다. 거기에는 두 가지 전제조건이 필요했는데, '대화순서의 평등분배'와 '높은 사회적 민감성'이었다.

우선 '대화순서의 평등분배'에 대한 내용은 다음과 같다. 일반적으로 우리가 경험하는 회의의 패턴에는 두 가지 종류가 있다. 첫 번째는 시간이나 순서에 구애받지 않고 하고 싶은 말을 자유롭게 발언하는 자유토론식 회의다. 그리고 두 번째는 팀장이나 리더가 사전에 철저히 준비하고 기획하여 신속하게 결론을 도출하고 회의를 끝내는 리더주도형 회의다. 전자의 경우는 충분한 논의에 의해 모두가 동의할 만한 수준의 결론을 도출하였다는 인상을 줄 수 있다. 하지만 어느 특정인물의 의견이 지나치게 반영되었다거나 의견수렴에 동참하지 못한 소외된 그룹이 있을 수도 있다는 단점도 가지고 있다.

두 번째의 리더주도형 회의문화와 관련해서는 무엇보다 가장 큰 장점은 시간의 효율성이다. 중구난방으로 흐르기 쉬운 팀의 회의를 짧은 시간에 정리하여 자칫하면 시간낭비로 흐를 수 있는 비효율성을 최대한 절약해준다는 장점이 있다. 또 하나의 장점은 혹시나 감정싸움-토론이 지나치면 감정싸움으로 번질 수도 있다-으로 번질 수도 있는 서로 간의 의견대립을 차제에 차단해 준다는 데 있다. 동료들의 감정에 상처를 주는 일을 미연에 방지하는 것이다. 그러나 통제하고 있는 리더의 자질이 부족할 경우, 자칫 독재나 독단에 흐를 가능성도 배제할 수 없다는 점과 멤버들끼리의 커뮤니케이션 부재현상이 발생할 수도 있다는 단점을 안고 있다.

아무튼 구글의 아리스토텔레스팀은 자사 내 수백 개의 팀을 연구 분석한 후 다음과 같이 발표했다. "완벽한 팀은 멤버 개인들의 발언권이 거의 동일하게 이루어지는 암묵적인 룰이나 내부규범을 가지고 있었다." 여기에 덧붙여 부연설명으로 "동일한 발언권에는 다양한 의견이 담겨 있었고 이런 다양한 의견을 이야기하고 정리하는 과정에서 서로를 이해하고 존중하는 그들만의 내부문화가 자리 잡고 있었다."고 말한다. 추가로 "물론 카리스마 리더의 신속한 의사결정이 때로는 시간낭비를 줄여주고 불필요한 갈등도 없애주는 효과도 있었지만 '동일한 발언권'이 있는 팀의 업무성과가 훨씬 높았다."는 말도 잊지 않았다.

이런 회의문화와 함께 최고의 팀을 만드는 두 번째 요소로 그들이 지목한 것은 '높은 사회적 민감성'이다. 우선 연구내용을 설명하기에 앞서 그들이 표현한 사회적 민감성에 대한 정의가 필요할 듯하다. 여기서 말하는 사회적 민감성이란 얼굴표정을 보고 지금 상대방이 어떤 감정에 놓여 있는지를 파악하는 능력을 의미한다. 공감능력이 뛰어난 사람들, 즉 사회적 민감성이 높은 사람들은 상대방의 표정을 보고 그가 어떤 심리상태에 있는지를 맞힐 확률이 일반인보다 30%정도 더 높다고 한다. 그런데 구글이 지명한 완벽한 팀에는 이런 사람들이 매우 많았다는 것이다.

물론 상대방의 표정만 보고 그가 지금 어떤 심리상태에 빠져 있는지를 알아맞히는 것이 그리 중요하지 않을 수도 있다. 더 나아가 내부의 심리상태와 밖으로 표출되는 행동이 딱 들어맞는 것도 아니다. 속으로는 심한 스트레스와 불안감으로 불안정한 정신 상태에 놓여있다 하더라도 겉으로는 밝은 모습으로 주변 동료들을 대하는 사람들도 적지가 않기 때문이다. 그리고 '구태여 상대방의 기분까지 생각해가며 일 할 필요가 있나' 하는 생각을 가진 사람도 있을 것이다.

하지만 복통을 호소한 아이를 병원에 입원시키고 출근한 나에게 같은 팀의 동료가 조용히 다가와 "무슨 일 있어? 안색이 안 좋은데 내가 도울 일은 뭐 없을까?"라는 말을 건네며 위로해준다고 가정해 보자. 이런 말을 들은 멤버의 마음은 어떨까? 우리 팀과 우리 멤버들에 대해 느끼는 로열티는 그렇지 않은 팀과 비교했을 때 비교가 되지 않을 정도로 높아질 것이다. 아마도 구글의 연구팀이 완벽한 팀의 특징으로 제시한 높은 사회적 민감성은 이런 맥락에서 이해할 필요가 있지 않나 하는 생각이 든다.

　높은 사회적 민감성의 효과와 관련하여 여기 비슷한 연구논문이 또 하나 있다. 미국의 카네기멜론, MIT, 유니언칼리지의 심리학자들로 구성된 연구원들이 2008년 699명의 성인들을 대상으로 연구하여 2010년 「사이언스저널」에 게재한 연구논문이다. "팀원들이 서로를 대하는 방식이야말로 팀의 실적을 좌우한다. 아무리 똑똑한 개인이라 하더라도 서로를 대하는 방식이 거만하거나 정중하지 못할 때 집단적 지성은 발휘되지 않았다. 그런데 서로를 존중하고 예의 바르게 대하는 조직에서는 개인별 IQ의 합보다도 훨씬 더 높은 집단지성이 발휘되었다."고 말하고 있다.

　역시나 높은 공감능력은 고객을 상대로 한 상황에서도 중요하지만 조직 내의 팀의 단합이나 화합을 위해서도 큰 효과를 발휘하는 중요한 요소라는 사실을 알 수 있다. '팀원들이 서로를 대하는 방식이 팀의 실적을 좌우한다'는 대목은 매우 큰 시사점을 준다. 서로를 대하는 방식은 관계의 질로 이어지고 관계의 질이 좋으면 성과로 이어진다는 말이기 때문이다. 이 말은 반대로 관계의 질이 좋지 않을 경우 시기와 반목, 결국에는 조직의 몰락으로 이어진다는 말로도 해석할 수 있다. 조직의 리더들이 정신 바짝 차리고 주의를 기울여 할 대목이다.

1. 완벽한 팀은 멤버들이 각자의 역할에 대해 명확히 인지하고 있으며 같이 일하는 동료에 대한 믿음이 높은 조직이다.

2. 일 때문에 받는 고통은 참을 수 있어도 사람 때문에 받는 고통은 참을 수 없다. 결과적으로 팀원들이 서로를 대하는 방식이 팀의 결과를 좌우한다.

07 우리만의 의식은 동료애를 강화시킨다

어느 분이 자신을 모바일 결제시스템의 보안솔루션을 개발하는 회사에서 근무하고 있다고 말하며 나에게 보내 준 질문이다. "지금의 회사로 이직한 지 1년째입니다. 한 가지 고민이 있습니다. 분위기가 너무 드라이합니다. 직원들이 회사일에도 관심이 없고 동료들에게도 관심이 없고 그저 본인들 주어진 일에만 전념하는 듯한 분위기입니다. 이전의 직장은 같은 회사 직원이라는 의식이 매우 강했고, 그런 동료들이 있었기에 힘들고 어려운 순간이 와도 큰 의지가 되었는데, 이곳은 너무 이기적인 문화가 팽배해 있는 듯한 느낌입니다. 그냥 참고 적응해야 할까요?"

이런 메일에 대해 나는 최대한 성실히 답변하려고 노력한다. 하지만 전후맥락을 모른 상태에서 조언한다는 건 역시 무리가 있다. 답변에 앞서 원론적인 이야기 하나만 하고 들어가겠다. 기업문화는 회사가 설립된 초창기에 잘 만들어야 한다. 시간이 지나면 만들고 싶어도 마음대로 안 되는 게 기업문화다. 사람으로 따지면 습관 같은 거라고 할 수 있겠다. 좋은 습관이든 나쁜 습관이든 한번 몸에 붙은 습관은 어지간한 노력, 그것도 본인의 필요에 의한 의도적인 노력이 있어야 수정 가능한 것이다.

기업문화도 마찬가지다. 지금 대충하고 나중에 제대로 하겠다는 생각을 가지고 계신 분이 많은데 그렇게 되면 생각보다 많은 고통을 감내해야 할 것이다. 습관은 본인 혼자의 문제지만, 기업문화는 여러 사람이 관여된 것이기 때문에 수십 배의 험난한 과정을 통과해야만 한다. 우선 질문하신 분이 원하는 기업문화는 '동료애'인 것 같다. 같은 직장에 다니는 사람으로서 서로 간에 관심을 갖고 힘들 때 의지가 되는 그런 동료애가 흐르는 직장을 꿈꾸시는 것으로 이해를 하겠다.

동료애에 대한 이야기를 하기에 앞서서 수년 전에 강연회 자리에서 있었던 일화 하나를 전해 볼까 한다. 인원은 150명 되는 조직으로 30명씩 나누어 조직문화에 대한 특별강연을 진행한 적이 있다. 한꺼번에 인원을 모을 수가 없어서 30명을 한 그룹으로 해서 5일간에 걸쳐 강연한 것이다. 주제가 주제이니만큼 참석한 사람들을 대상으로 조직만족, 직무몰입과 같은 회사에 대해 느끼는 그들의 생각을 간단히 물어보았다.

같은 회사 사람들을 대상으로 했기 때문에 기본조건은 다르지 않다. 차이가 있다면 수요일에 참석한 사람들의 복장이 사복이었다는 점이다. 이 회사는 평소에는 회사 유니폼을 입어야 하는데 매주 수요일은 캐주얼데이라고 해서 전원이 자유복장으로 일을 한다. 그런데 유니폼을 착용한 상태에서 조직만족도를 물어보는 것하고 사복차림에서 물어보는 것하고 결과에서 약간의 차이가 발생했다. 캐주얼한 복장의 수요일에 물어보는 것보다 유니폼을 착용한 날에 물어보는 것이 로열티지수가 조금 높게 나온 것이다. 희한하지 않은가?

유니폼에 대한 이야기는 뒷장에 다시 하기로 하고 화제를 다시 동료애로 돌려보도록 하겠다. 동료애 하면 가장 먼저 떠오르는 조직이 있다. 바로 '해병대'다. "한번 해병은 영원한 해병이다!"라는 구호처럼 그들은 제대하고 사회에 나와서도 서로 간의 기수가 파악이 되면 바로 거수경례와 함께 뜨거운 전우애를 확인하는 의식을 거행한다. 이는 아마도 그들만이 공유하고 있는 특별한 병영체험이나 의식 의례 등에서 기인한 것으로 여겨지는데, 이런 각별한 전우애는 해외에 나가서도 그대로 적용이 된다고 한다. 세계 어디를 가더라도 해병대 전우회가 결성되어 있지 않은 곳이 없으며 그곳의 멤버들도 내가 해병대 출신이라는 사실에 엄청난 자부심과 긍지를 느낀다고 한다.

한번은 이런 일도 있었다. 해병대 출신의 친구 하나가 가족들을 데리고 호주여행을 갔는데, 여행 도중에 그만 지갑과 여권이 든 가방을 분실하고 말았던 것이다. 상식적으로 생각하면 그곳에 있는 영사관이나 대사관에 전화를 걸어 도움을 요청하는 것이 자연스러운 수순일 것이나 이 친구가 전화를 걸어 도움을 요청한 곳은 영사관이나 대사관이 아닌 '시드니 해병전우회'였다는 것이다. "어떻게 그런 생각이 들었느냐?"고 묻자, "해병은 다른 해병의 어려움을 그냥 넘기지 않는다."는 말로 질문에 대한 답을 대신했다.

그렇다면 어떻게 그들은 그리도 전우애가 강한지에 대한 질문이 이어지지 않을 수 없다. 단지 군대생활을 같이 해서일까? 아니다. 나도 육군보병으로 30개월 군 생활을 했지만, 제대하면 다시 보고 싶지 않은 사람들이 솔직히 같이 군 생활 했던 사람들이다. 국민의 4대 의무에 해당하기 때문에 군대에 가긴 했지만 그곳에서 생활한 사람들과의 유대관계가 제대 후에까지 이어지는 건 원하는 바가 아니다. 그렇다면 해병대는 왜 다른 것일까?

나는 그 이유를 그들만이 가지고 있는 특별한 의상과 의식에 있다고 생각한다. 가장 대표적인 의상은 당연히 빨강색 유니폼과 모자다. 특히 '팔각모'라고 불리는 해병대 모자는 그들만이 가지고 있는 역사적 상징물이라고 말할 수 있을 것이다. 해병대는 모든 것이 유니크한데 모자, 배지, 심지어는 군복까지 그렇다. 이러한 유니크함이 '우리는 다르다'는 의식을 만들어 타 집단과의 차별성을 느끼게 해주는 것이다.

그리고 두 번째는 '의식'이다. 혹시 '해병대 헤어스타일'과 '해병대 박수'를 본적이 있는가? 해병대 박수는 참 특이하다. 유튜브에서 한 번 보기 바란다. 그리고 '돌격대머리'로 불리는 헤어스타일도 참 독특한데 이런 유니크한 의식들도 그들의 결속력을 다지는 데 상당한 영향을 끼친다고 생각한다.

의식이 집단의 결속력에 미치는 영향이 궁금하여 비슷한 실험을 해본 적이 있다. 후배들과 술자리에서 내 이름을 딴 라벨을 붙인 술병을 들고 '경수처럼'이라는 구호를 외치며 술을 마신 적이 있는데, 아무런 의식 없이 그냥 마실 때하고 비교해서 무려 2배나 더 많은 술병을 비웠다. 더 많은 대화와 더 오랜 시간을 같이 하는 것은 말할 것도 없었다. 이유가 무엇일까? 심리학에서는 이것을 '구매촉진의식'이라고 하는데, 반복된 의식은 조직 내에 일체감을 불러일으켜서 구매의지를 높이는 효과가 있다는 것이다.

하카댄스의 기선제압

비슷한 사례가 하나 더 있다. 뉴질랜드 마오리족의 전통 춤인 하카haka다. 마오리 하카는 뉴질랜드 원주민인 마오리족의 전통 춤이다. 원래는 부족 간의 전쟁에서 자신의 힘이 강하다는 것을 보여주기 위해서 추는 춤에서 유래되었다고 한다. 뉴질랜드 원주민의 전통 춤인 하카가 사람들의 관심을 끈 이유는 '럭비 월드컵' 때문이다. 하카의 위력을 설명하기 위해서는 우선 럭비월드컵에 대한 설명을 해야 하는데, 우리에게는 다소 생소한 스포츠이지만 인기도로 본다면 세계 3대 스포츠에 들어갈 정도로 유명한 경기다.

럭비월드컵은 1987년부터 국제럭비평의회IRB, international rugby board 주관 아래 4년 주기로 열리고 있는 럭비대회다. 우승팀에게는 럭비의 창시자로 알려진 윌리엄 웹 엘리스의 이름을 딴 엘리스 컵이 수여된다. 1987년 제1회 대회에는 16개 국가가 참가했으나 1999년부터는 20개국으로 참가국 규모가 확대되었다. 럭비 월드컵은 우리나라에서는 다소 생소하지만 럭비의 발상지인 영연방과 유럽국가 사이에서는 FIFA월드컵, 하계올림픽의 뒤를 이어 가장 큰 스포츠 이벤트 중의 하나로 꼽힌다. 특히 2015년 잉글랜드 대회는 247만 명의 관중과 42억 명의

역대 대회 결과

개최연도	우승국	2위	3위	4위
1987	뉴질랜드	프랑스	웨일스	오스트레일리아
1991	오스트레일리아	잉글랜드	뉴질랜드	스코틀랜드
1995	남아프리카공화국	뉴질랜드	프랑스	잉글랜드
1999	오스트레일리아	프랑스	남아프리카공화국	뉴질랜드
2003	잉글랜드	오스트레일리아	뉴질랜드	프랑스
2007	남아프리카공화국	잉글랜드	아르헨티나	프랑스
2011	뉴질랜드	프랑스	오스트레일리아	웨일스
2015	뉴질랜드	오스트레일리아	남아프리카공화국	아르헨티나
2019	남아프리카공화국	잉글랜드	뉴질랜드	웨일스

TV시청자를 동원한 바 있다.

경기 시작 전에 뉴질랜드팀이 반드시 실행하는 의식이 있다. 바로 하카댄스다. 그들은 약 3분 정도 이어지는 전통의식인 하카댄스를 끝내고 시합에 임한다. 그래서일까? 그들의 집중력과 응집력은 대단하다. 뉴질랜드팀이 이룬 역대 전적을 한번 보자. 나는 그들이 시합 전에 치르는 그들만의 의식 하카댄스와 무관치 않다고 생각한다.

나는 이것을 '반복적 의식이 미치는 영향'이라고 표현하고자 한다. 우리만이 가지고 있는 유니크한 행동behaving이나 의식ritual은 조직의 응집력을 높이면서 정서적 교감을 올려주는 효과가 있다.

이과 관련하여 한 가지 재미있는 연구결과가 발표되었다. 미국 미네소타대학의 캐서린 보흐스Katheleen D. Vohs 교수의 『반복된 의식이 소비를 촉진한다: Ritual Enhance Consumption,/2013/저서인지 논문인지 확인 필요』는 제목의 글이다.

〈연구방법〉

실험1- 반복된 행동이나 의식은 소비를 자극할까?

32명의 학생들을 모집하여 반복된 의식이 있는 집단과 그렇지 않은 집단으로 무작위로 나누어 실험에 참가하게 지시를 내렸다.

실험2- 반복된 의식이나 행동을 가진 집단과 그렇지 않은 집 단에는 어떤 차이가 있는지? 의미 있는 의식 후에 즉시섭취와 지연섭취에 대한 기쁨의 정도는 어느 정도인지를 알아보기로 했다. 이번에는 105명의 학생들을 모집하여 집단을 크게 2개 로 나누었다. 참여자들의 책상위에 먹을 것을 두고, 한 그룹은 의미를 가진 의식을 하게 지시를 했고, 나머지 한 그룹은 본인 들의 자유의사에 맡겨두었다. 그리고 실험 참가자들을 대상으 로 그들의 행동이 음식의 맛에 미치는 영향에 대해 비교해보기 로 했다. 그리고 즉각적인 섭취와 지연섭취에 대한 맛에 대해 서도 비교해보았다.

실험3- 특정한 의식이나 행동을 보는 것만으로도 효과가 있 는지?

40명의 학생을 모집해 반복된 의식을 거행하는 집단과 그런 행동을 지켜보는 집단으로 나누었다. 반복된 의식의 팀에게는 레모네이드를 만드는 프로세스에 일정한 의식을 넣었으며, 지 켜보는 집단에게는 그냥 맛의 평가만 하도록 요청했다.

실험4- 학생이 아닌 일반 성인들도 같은 결과가 나올까?

87명의 성인을 모집해 반복된 의식이나 행동을 하는 집단과 그런 의식이 없는 집단으로 나누어서 실험에 참여하게 했다.

〈연구결과〉

1. 반복된 행동이나 의식을 가진 참가자들은 그렇지 않은 사

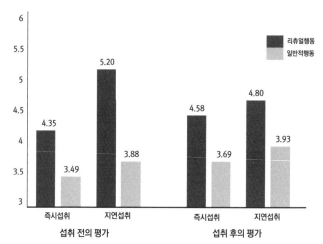

람들과 비교하여 초콜릿의 맛에 대해 더 높은 점수를 주었다.

2. 위의 도표에서도 나와 있듯이 일정한 의식을 담아서 제스처를 취하는 사람들이 그렇지 않은 사람들에 비해 더 높은 평가를 받았다. 의식이나 행동 후에 맛에 대한 기대치를 물어보는 질문에 대해서는 평범한 집단보다 더 높은 점수를 받았다. 또한 즉각적인 섭취를 하는 것보다는 일정한 시간이 지난 후에 섭취를 하는 것이 더 맛있다고 평가를 해주었다. 이런 평가는 맛을 본 후에 조사한 평가에서도 그대로 이어졌다.

3. 직접 반복된 의식이나 행동을 취하는 것이 보는 것보다 더 큰 소비를 유발시켰다. 이는 직접적인 관여가 간접적인 관여보다 더 큰 자극이 된다는 사실을 암시한다.

4. 결론적으로 반복된 의식이나 행동은 소비나 섭취에서 느

끼는 즐거움을 더욱 더 증가시키는 효과가 있음이 확인되었다.

지금까지 집단 안에서 소속감을 높이는 방법에 대해 알아보았다. 여기에 더해 '사람의 마음'이 들어가면 더 좋겠다. 아무리 시대가 변해도 변치 않는 것이 있다면 '인간미'에 대한 동경일 것이다. 특히 우리 민족은 이른바 정情이라는 이름으로 사람들의 인간미에 더욱 더 강한 애착을 보이고 있다. "세상 사람들 모두가 그렇지 않나요?"라는 질문을 할 수도 있겠지만 꼭 그렇지만은 않은 것 같다. 서구사회에 대한 판단기준은 뒤로하고 같은 한자 문화권인 중국과 일본을 예로 들어 보겠다.

'초코파이 정情'이라고 있다. 오리온제과에서 생산하는 것으로 우리나라에서는 국민간식으로 통한다. 오리온이 한국에서의 인기를 등에 업고 90년대 초반 중국시장에 진출했을 때의 일이다. 정情이라는 이름 그대로 쓰고 중국에 갔는데, 생각만큼 판매되지 않았다. 한동안 고전하다가 거의 포기하다시피 한 상태에서 누군가의 조언으로 이름을 '인仁'으로 바꾸었다. 그런데 이게 효과를 발휘한다. 알고 보니 중국에서는 국민들이 가지고 있는 가장 따뜻한 정서가 인仁이었던 것이다.

그렇다면 일본에서는 국민들이 가장 중요하게 생각하는 단어는 무엇일까? 화和이다. 일본에서는 조화를 이룬다는 의미의 화和라는 단어가 가장 보편적으로 국민정서를 대변하는 한자라고 보면 된다. 소설 같은 데 보면 '와노구니和の'라는 표현이 많은데, 일본이라는 이름 대신에 자신들의 국가를 지칭하여 쓰는

은유법이다. 아이들이 유치원에 들어갈 나이가 되면 부모들이 제일 먼저 가르치는 훈시가 바로 집단의 조화, 바로 와和이다.

일본 유학시절 TV를 켜면 어느 드라마에도 나오는 문장이 이것이었다. 유치원에 가는 아이에게 부모가 "모난 행동하지 말고, 폐 끼치지 말고, 주변과 조화를 이루어서 행동해야 한다."는 말이 수도 없이 나왔다. 반면 우리는 유치원에 가는 아이에게 무엇을 가르치는가? '지지 말라'는 단어다. 내 생각에는 이것 또한 그 국가가 처한 상황을 대변하는 언어가 아닌가 생각한다. '지지 말라'는 언어 대신 '도와주라'는 언어가 부모들의 입에서 먼저 나오는 시대가 빨리 왔으면 하는 바람이다.

이야기가 잠깐 옆으로 간 것 같다. 다시 원점으로 돌아와 이어가보자. 이렇듯 우리에겐 정情이라는 정서가 매우 중요하다. 조직에 대한 애정, 동료에 대한 사랑을 높이는 구체적인 방법을 찾고 있다면 앞장의 사례에서 힌트를 얻기 바란다. 그 전에 우리만의 스토리와 우리만의 의식이 먼저 필요하다. 야외행사도 좋다. 시간이 지나도 공유가 가능한 우리만의 여행은 좋은 방법일 것이다. 그리고 그 행사에서 회사로고가 박힌 티셔츠를 모두가 입고, 모두의 얼굴이 담긴 단체사진을 찍어보는 것도 좋은 방법일 것이다.

1. 우리만의 비밀, 우리만의 의식은 팀 내 소속감이나 동료애의 향상에 큰 도움이 된다. 다른 회사에는 없는 우리만의 공유 포인트를 만들어서 행동이나 의식으로 써본다면 팀워크향상에 큰 도움이 될 것이다.

2. 나아가 조직을 떠난 OB들이 과거의 조직을 돕고자 하는 마음을 들게 하는 데도 큰 효과가 있다.

Part 3

위기관리

01 리더는 위기에 강해야 한다

이노비즈협회가 개최한 세미나의 자리에서 주제발표를 마치고 돌아가는 나에게 40대로 보이는 어느 남성이 갑자기 이런 질문을 해왔다. "신중함과 우유부단함의 차이가 뭔가요?" 갑작스런 질문에 어리둥절해 있는 나의 얼굴을 보며 그가 계속 말을 던졌다. "저는 주변으로부터 우유부단하다는 말을 많이 듣고 있습니다. 스스로는 매우 신중한 타입이라고 생각하고 있었는데, 주변 사람들은 그건 신중함이 아니고 우유부단한 것이라고 말을 합니다. 신중함과 우유부단함의 차이는 도대체 무엇인가요? 우유부단하다는 것은 한편으로는 조심스럽다는 것을 의미하는데, 모든 일을 조심스럽게 대처한다는 것은 좋은 일 아닌가요?"

그렇다. 확실히 우유부단한 것과 신중한 것에는 큰 차이가 있다. 리더의 자리는 항상 뭔가를 결정하는 자리라고 할 수 있다. 직원채용에서부터 시작해서 그 직원을 어디에 배치할지, 그리고 어떤 일을 맡길지 등의 모든 과정이 의사결정의 과정이다. 노벨경제학상 수장자인 대니얼 카너먼 교수는 '조직은 의사결정을 생산하는 공장'이라고 할 정도로 의사결정은 리더의 가장 중요한 임무라고 말할 수 있다.

그런 면에서 볼 때 우유부단한 리더는 조직 관리에 큰 애로가 생긴다. 우물쭈물 하는 사이에 많은 기회를 놓치기 때문이다. 선택과 집중도 잘 되지 않고 해서 손해를 볼 때도 많다. 그렇다면 어떤 때에 이런 우유부단함에 빠지게 되는 걸까? 이경희의 책 『CEO의 탄생』에 있는 내용을 가지고 설명해보도록 하겠다.

첫째, 정보가 부족하면 우유부단함에 빠진다. 아침에 세수하는 걸 망설이는 사람이 있을까? 자기 집을 찾아가는 길 앞에서 망설이는 사람이 있을까? 명확히 아는 일에는 우유부단해지기가 어렵다. 하지만 잘 모르는 분야나 정보가 부족해서 판단에 자신이 서지 않으면 명확한 결정을 내리기 어렵다. 이럴 때는 충분하게 정보를 더 모아야 한다.

둘째, 과학적인 사고를 하지 않으면 우유부단해진다. 사람들이 우유부단해지는 이유는 결과에 대한 확신이 없기 때문이다.

어떤 결과이든 반드시 어떤 원인과 연결되어 있다. 어떤 원인이 어떤 결과를 만들어낼 것인지 시뮬레이션할 수 있다면 원인이 되는 행동에 대해서 더욱 현명한 선택을 내릴 수 있다.

셋째, 흑백논리적인 사고가 우유부단함을 만든다. 어떤 행동의 결과에 대해서 100% 성공 아니면 100% 실패라는 예단은 현실적이지 못하다. 가지 않은 길에 대해서는 누구도 결과를 알 수 없기 때문이다. 그래서 흑백논리적인 사고가 아니라 성공 가능성이 몇 퍼센트인가를 가지고 생각해야 한다.

넷째, 예상되는 결과에 대해 대안을 미리 생각해야 한다. 발생할 결과에 대해 대처 방안을 미리 생각해 둔다면 불안을 훨씬 줄일 수 있다. '원가가 급등하면 대체 원료를 구매한다.', '대기업의 공세가 예상되므로 미리 인수합병에 대한 방안을 마련해 둔다.', '경쟁 점포의 난립이 예상되므로 경쟁이 치열해지기 전에 권리금을 받고 점포를 넘긴다.' 등의 불안에 대처하는 방법이 있으면 결정하기가 쉽다.

다섯째, 철학을 명확히 해야 한다. 모든 경영자는 직원들 때문에 고민한다. 하지만 그런 고민은 사람에 대한 확고한 철학이 없기 때문인 경우가 많다. 함께 일하는 직원들이 기업에 어떤 존재인지에 대한 생각, 단순히 월급을 주는 대상이 아니라 그들이 존재하므로 기업이 유지되는 소중한 사람이라는 생각은 조직 운영과 관련한 많은 고민을 해결해 줄 것이다.

리더가 왜 우유부단하게 되는지를 너무 명쾌하게 정리해 놓은 문구라서 그대로 옮겨 보았다. 정말 일목요연하게 리더의 결단력이 어디서 오는지 적혀 있는 것 같다. 여기서 사례 하나만 공유해보고자 한다. 상반된 리더십의 영향으로 한 곳은 더 성공의 길로 들어가고 다른 한 곳은 파산의 길을 걷게 된다는 이야기다. '우유부단한 리더십 VS 확신의 리더십'을 보여주는 좋은 사례라고 생각해서 소개한다.

2017년 6월26일, 85년의 역사를 자랑하는 세계 2위의 에어백 생산업체인 일본의 '다카타'가 미국과 일본에서 동시에 파산신청서를 제출하는 일이 발생한다. 2017년 3월 기준으로 매출액 7조원, 영업이익 4,000억, 전 세계 45,000명의 직원을 거느린 세계적인 기업이 갑자기 파산신청서를 냈다고 한다. 워낙 인지도가 큰 회사다 보니 연일 일본의 주요언론의 헤드라인을 장식했다. 파산신청의 이유는 미국에서 발생한 사고에 대한 배상비용도 부담이 크지만 그보다도 앞으로 밀려들 리콜비용을 감당할 여력이 없기 때문이라고 했다.

그렇다면 도대체 이 회사에 무슨 일이 일어난 것일까? 사건의 경위는 다음과 같다. 다카타는 에어백과 시트벨트 분야에서 세계 시장점유율 2위를 기록하는 글로벌기업이다. 그런데 이 회사에서 만든 에어백에 문제가 생겨 18명이 죽고 180명이 부상당하는 사고가 발생한다. 최초의 결함은 2008년 11월 혼다자동차에서 발견되었는데, 당시에는 큰 문제로 여겨지지 않았던 사건이 사회적 이슈가 된 건 2009년 5월에 발생한 운전자의 사망사고 때문이다. 초기대응이 깔끔했더라면 그나마 나았을 텐데 이 회사는 사고의 원인을 파악하는 과정에 있어서 자신들의 문제를 은폐하고 숨기는 정직하지 못한 방법을 쓰는 바람에 일을 더 꼬이게 만든다.

"그들은 은밀히 진행한 비밀실험에서 '인플레이터'라고 부르는 부품에 문제가 있어 파열로 이어지는 징후가 포착되었음에도 불구하고 시험결과를 공개하지 말 것을 지시함과 동시에 테스트에 사용된 모든 부품을 폐기처분하도록 명령을 내렸다."고 《뉴욕타임즈》는 보도했다.

이후 다카타의 행적은 많은 사람들을 의아하게 만든다. 에어백 결함으로 연이어 사람이 죽어 나가는 상황이 발생함에도 불구하고 '조사 중이다'는 이유로 책임을 지지 않으려 한 것이다. 결국, 2015년 11월 미국 사법부는 10억 달러의 벌금을 다카타에 부과하였고, 간부 3명에 대해 제품의 결함을 알면서도 은폐한 혐의로 기소한다. 그러나 문제는 여기서 끝나지 않았다. 이미 판매된 자동차에 대한 리콜문제가 여전히 진행 중인데, 그 금액이 천문학적인 숫자이다 보니 결국 2017년 6월 파산신청을 한 것이다.

경영전문가들 중에는 '품질관리의 실패'라고 원인분석을 내리는 이가 많다. 맞는 말이다. 그러나 나는 그보다도 그룹의 최고경영자인 다카타 시게히사高田重久의 책임론을 제기하고자 한다. 이유는 그가 2015년 11월, 미국 사법부로부터 배상판결을 받은 이후로 모든 공식석상에서 자취를 감추었기 때문이다. 파산에 이르기까지의 2년 동안 최고경영자가 선두에 서서 고객과 주주들을 대상으로 적극적인 설명과 문제해결의 의지를 보여주었어야 함에도 불구하고 전혀 그런 행동을 취하지 않았던 것이다. 결정적인 순간에 CEO가 사라진 것이다.

여기서 한 가지 대조되는 장면이 있다. 2015년 세계적인 관심을 모으며 시판에 들어갔던 삼성의 갤럭시노트7의 폭발사건의 뒤처리 과정이다. 2016년 10월11일 삼성전자는 "갤럭시노트7의 판매, 생산을 중단한다."고 발표한다. 노트7의 회수에 들어가는 비용이 약 1조5천억 원, 여기에 판매재개 후 생산한 제품의 리콜비용까지 합하면 대략 3조원대의 비용이 발생할 것을 알면서도 전량폐기의 결정을 내린 것이다.

다음은 노트7의 생산중단을 발표하면서 고동진 사장이 삼성의 모든 직원들에게 보낸 메시지의 일부분이다. 그는 임직원들에게 "최고 책임자로서 참담한 마음을 금할 길이 없습니다. 모든 고객이 우리 삼성 제품을 다시 신뢰하고 즐겁게 사용할 수 있도록 반드시 근본원인을 철저히 규명할 것을 약속드립니다. 시간이 걸리더라도 끝까지 밝혀내 품질에 대한 자존심과 신뢰를 되찾을 것입니다. 또한, 이번 일을 계기로 우리가 무엇을 더 해야 하고 무엇을 하지 말아야 할지를 겸허하게 깨닫는 계기가 되도록 하겠습니다."는 장문의 이메일을 보낸 것이다.

그룹의 총수인 이재용 부회장은 '무슨 일이 있더라도 문제를 해결하여 소비자의 신뢰를 회복하겠다.'는 문구와 함께 해외 언론에 자신의 얼굴을 전면광고로 내는 사과문도 게재한다. 그리고 1년이 지난다. 절치부심切齒腐心의 결과인지는 몰라도 다음 해 출시된 노트8은 뜨거운 찬사를 받았다. 이렇듯 문제를 해결하는 과정에 있어서 삼성의 경영진은 다카타와는 확연히 다른 리더십을 보여주었다. 다카타는 현재 중국계 미국회사에 인수되었다. 당시 CEO였던 다카타 회장은 언론과의 인터뷰에서 "머뭇거리는 사이에 때를 놓쳐버렸다."고 말했다. 우유부단함의 전형적인 사례라고 말할 수 있다.

리더가 빛나는 시간은 위기의 순간

신중함과 결단력으로 위기를 극복한 사례를 하나만 더 소개해보고 싶다. 2014년 2월 17일 월요일 저녁 9시, 우리나라 재계 30위인 코오롱그룹이 소유하고 있는 경주 마우나리조트에서 부산외대 신입생들의 OT도중에 행사장의 지붕이 무너져 내리는 사고가 발생한다. 9명이 숨지고 100여 명이 부상을 당하는 대형 참사로 이어졌다. 그런데 이 사건을 처리하는 코오롱의 대처방식이 위기관리의 모범답안이 아닐 수 없다.

사건일지를 정리해 보면 다음과 같다. 당일 저녁 11시 현장의 상황이 과천의 코오롱그룹 본사에 알려지고, 저녁 12시 그룹의 최고책임자인 이웅렬 회장 주재로 비상대책본부가 꾸려진다. 그날 오전 6시에 이웅렬 회장은 사고가 난 경주 마우나리조트에 내려가 사고현장을 점검한 후, 여러 곳에 분산된 임시 분향소를 방문했다. 다음날인 19일에는 회사의 사규에 걸려 보상문제가 난항을 겪자 본인의 사재를 털어 유족들과의 보상문제를 해결한다. 그리고 21일 금요일 오전 10시, 부산외대 사망자 10명에 대한 공식 장례식이 엄수되었다.

9명의 대학생을 죽음으로 몰고 간 경주 마리나리조트의 대형참사 발행 후, 사태수습은 사고발생부터 장례식까지 5일 만에 일사천리로 이루어졌다. 사고가 발생하자 바로 그룹의 총수가 현장을 방문하고, 내부규정으로 해결이 되지 않자 개인 돈을 내 놓고, 서울 본사에 분향소를 설치하고, 이 모든 일들이 불과 5일 만에 처리된 것이다. '원인규명이 제대로 되지 않은 상황에서 보상문제는 시기상조'라는 갑론을박의 분위기에서 "인명사고는 최대한 빨리 처리해야 합니다. 어떤 결론이 나도 시간이 가면 갈수록 우리에게 불리할 뿐입니다."는 말로 직접 보상문제에 나섰다고 한다.

비즈니스는 타이밍이라고 했다. 일정 단계가 지나면 리더의 의사결정이 반드시 필요하다. 비슷한 시기에 내가 아는 회사 중에 어느 기업에서 위의 코오롱과 비슷한 문제가 발생했다. 그런데 보상문제로 1개월을 끄는 바람에 '악덕기업'이라는 프레임이 씌워져 그 회사 제품에 대한 불매운동으로 비화된 적이 있다. 그 일 때문에 이 회사 사람들이 한참이나 고생했던 기억이 난다.

그렇다면 위기관리에 강한 조직구조는 어떤 모습이어야 할까? 미국 보스톤대학의 제시 쇼어Jesse Shore 교수가 발표한 논문「Facts and Figuring: An Experimental Investigation of Network Structure and Performance in Information and Solution Spaces, 2015」에 정답을 위한 실마리가 담겨 있다.

〈연구방법〉

쇼어 교수는 미국 국방성에서 개발한 ELICITexperimental laboratory for investigating collaboration, information-sharing, and trust라고 하는 시뮬레이션 게임을 사용하여 문제해결능력에 대한 테스트를 해보기로 했다. 연구진은 실험에 참가한 417명의 실험대상자들을 상대로 1,120개의 게임을 하게 한다. 참가자들은 주로 미 북서지역의 출신들이 많았으며 SAT점수는 701~706이고 남성 49.5%, 여성 50.5%로 평범하게 구성 비율에 대한 조정도 했다. 그리고 사람들을 4개의 조로 만들어서 게임을 하게 했다.

이 게임은 테러리스트로부터 공격을 받는 여러 상황을 가정한 것이다. 참가자들은 테러리스트의 정체, 목표물에서부터 시작해서 공격대상, 공격방법, 공격시기와 같은 것들을 25분 내에 풀어내고 각각의 상황에 따라 대응책도 강구해야 하는 전략

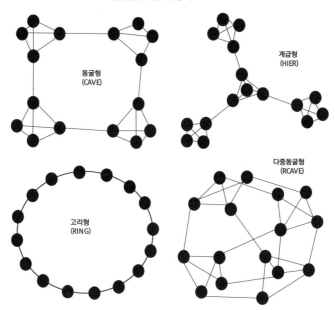

실험참가 팀의 형태

동굴형
(CAVE)

계급형
(HIER)

고리형
(RING)

다중동굴형
(RCAVE)

게임의 일종이다. 참가자들에게는 두 개의 단서가 우선 주어지고, 시간이 지나면서 1분에 한 개씩 추가적인 단서를 얻을 수 있는 기회가 주어진다. 구성원들의 협업수준이 문제해결의 완성도에 미치는 영향을 알아보고자 함이다.

〈연구결과〉

개인별 1,120개의 게임을 하게 했고, 결론을 말하면 모든 면에서 CAVE 구조가 좋은 결과를 얻었다. 세부적으로 보면 정보수집은 연결이 밀접한 그룹clustering high이 연결이 느슨한 그룹clustering low보다 더 많았다. 그러나 해결책 도출에 있어서는 느슨하게 연결된 그룹이 긴밀하게 연결된 그룹에 비해 더 많은 해결책(제안)을 내놓았다.

최종적으로 가장 좋은 성과를 낸 CAVE(1.0)를 기준으로 HIER(-26.24)-RCAVE(-36.25)-RING(-65.73)으로 나타났다. 다시 말해서 해결안의 제안에 있어서는 평등조직에서 활발히 이루어지지만 그 제안을 성공시키는 구조는 좀 더 평등구조를 가지고 있으면서도 위계질서를 가진 조직이 더 높다는 것을 의미한다. 다양한 의견 후에 신속한 의사결정을 가진 구조가 좋은 성과를 낸다는 것이다.

'리더가 빛나는 시간은 위기의 순간이 찾아왔을 때'라는 말이 있다. 평온한 시기에는 리더의 역할이 별로 필요가 없다. 그냥 내버려둬도 조직은 잘 돌아가기 때문이다. 하지만 위기의 순간이 닥쳤을 때, 그 순간에 제대로 된 의사결정을 하지 못하고 머뭇거린다면 조직은 큰 혼란에 빠지고 만다. 이런 상황에서도 의견을 구한다고 직원들의 입만 바라보는 리더가 있다면 그는 자격상실이다. 단호하게 자신의 의지를 담아 일사분란하게 조직을 움직여야 한다. 그것이 바로 구성원 모두가 바라는 리더의 모습이다.

1. 아이디어 제안이나 연구탐색의 상황에서는 최대한 멤버들의 의견을 수렴하는 것이 좋다.

2. 그러나 어느 정도 시간이 지난 상황에서는 이런 참여는 불필요한 혼란을 불러일으킬 가능성이 높다. 다음은 신속한 의사결정으로 조직을 이동시켜야 한다.

02 의사결정의 서열은 필요하다

혹시 '부하갑질'이라고 들어본 적 있는가? 요즘 이 때문에 힘들어 하는 관리자가 늘어나고 있다. 예전에는 상상도 하기 힘들었던 현상인데 요즘은 여기저기서 심심치 않게 상담을 받고 있다. 내용을 풀어서 말하면, 일을 안 하는 부하 직원에게 아무런 지적도 할 수 없는 현상을 말한다. 이제는 팀 멤버나 후배가 일을 못해도 뭐라고 질책하거나 자극을 주거나 나무라거나 하는 상사를 더 이상 보기가 힘들다. 그러다 보니 자신의 잘못이나 실수에 대해서 아무런 미안함을 느끼지 못하는 부하직원이 늘고 있다. 심지어 공개적으로 상사의 지시를 무시하기까지 한다. 관리자들은 이것을 '상사갑질'에 비유하여 '부하갑질'이라는 용어를 붙여 부르고 있는 것이다.

부하갑질이라는 용어의 시작은 2019년 7월 16일부터 시행된 「근로기준법」 제76조, 일명 '직장 내 괴롭힘 방지법'이 계기가 된다. 나는 직장 내 괴롭힘 방지법은 우리나라 조직문화의 변화에 한 획을 그은 혁명적인 사건이라고 말하고 싶다. 법이 시행되고 한동안 인사에서는 관리자들을 모아 놓고 "스트레스 주지 마세요.", "함부로 말하지 마세요." 등을 교육시키느라 정신이 없었다. 조직분위기가 일순간에 '싸~'해지는 것이다.

　원래 이 법이 만들어진 이유는 한국미래기술의 양진호 회장이 계기가 된다. 예전에 같이 일했던 직원을 회사로 불러 무차별적으로 폭행한 동영상이 언론에 공개되면서 큰 파장을 일으킨 사건이다. 영상에서 양 회장은 피해자인 전 직원을 무릎 꿇리고, "네가 뭐 했는지 몰라서 그래? ××야, 이 ×× 놈아."라면서 피해자의 뺨을 세게 때린다. 피해자가 무릎 꿇고 "죄송하다." 말하자, 양 회장은 "바로 해! 큰소리로!"라며 다시 피해자의 머리를 손으로 내려친다. 이런 직장 내 폭언 폭력이 있어서는 안 된다는 취지를 담아 '직장 내 괴롭힘 방지법'이 나온 건데, 이게 예상치 못한 역효과를 동시에 가져온 것이다.

　괴롭힘 방지법이 생기면서 회사가 송사에 휘말리는 사례가 많아지다 보니, 위에서는 관리자들에게 부하직원 스트레스 주지 말라고 신신당부를 하게 된다. 그러다 보니 정당한 이유가 있어도 말을 못하고 부하직원을 그냥 내버려두는 상사들이 늘어난 것이다. 자연스럽게 노골적으로 일을 거부하거나 상사의 지시를 무시하는 부하직원들이 생겨난다. 일명 '코브라효과 cobra effect'가 발생한 것이다. 어떤 문제를 해결하기 위한 대책을 내놓았는데, 더 나쁜 문제가 생기는 현상을 말한다.

모두의 의견을 존중하는 수평조직의 문화는 매우 바람직한 현상이다. 수평조직의 구축은 궁극적으로 자율조직으로의 이동을 의미하기 때문에 모두가 꿈꾸는 이상적인 조직구조이기도 하다. 하지만 그 전에 한 가지 전제조건이 있다. '규율'이다. 지금의 시대에 웬 규율을 말하느냐고 물을 수도 있을 것이다. 하지만 규율이 없는 조직은 '방종'으로 흐르기 쉽다. 조직은 다양한 성격과 태도의 특징을 가지고 있는 사람들의 집합체다. 모두가 추구하는 목표실현을 위해서는 규율에 입각한 공동체적 행동이 필요하다. 또 이러한 공동체적 규율의 실현에는 어떤 형식으로든 서열이라는 것이 필요하다. 소위 '교통정리'라는 이름으로 널리 알려진 조직이론 중의 하나다.

여기서 질문 하나를 해보겠다. 아래와 같은 상황을 어떻게 생각하는가? 어디까지나 내가 개인적으로 설정한 가상의 상황이다.

#상황 1 : 회의석상에서 상사의 의견에 공개적으로 반대의견을 내는 장면

박 팀장: 비록 구매감소로 상황이 어렵긴 하지만 블루클럽은 오랫

동안 우리와 함께한 전우와도 같은 고객이니 우선적으로 지원하도록 합시다.

　김 대리: 팀장님, 무슨 말씀을 하시는 겁니까? 블루클럽은 업계에서는 이미 가망이 없는 회사라는 소문이 파다합니다. 그쪽 시장의 새로운 강자는 그린클럽입니다. 빨리 블루클럽과의 계약관계를 정리하고 그린클럽을 타깃으로 영업 전략을 수정해야 합니다. 항상 매출 위주의 사고로 무장하라고 하지 않으셨습니까? 이렇게 개인적인 사감을 갖고 중요한 영업 전략을 맘대로 결정하시면 정말 곤란합니다. 저는 팀장님의 의견을 따를 수 없습니다.

#상황 2 : 팀 멤버들이 지켜보고 있는 앞에서 상사에게 무안을 주는 장면

　오 팀장: 큰 계약을 따냈으니 오늘 저녁은 간만에 회식 한번 합시다.
　손 대리: 팀장님, 저는 다른 약속이 있어서 오늘 참석이 힘들겠습니다.
　오 팀장: 그래도 이 사람아, 이런 날은 다 모여서 팀워크도 좀 다지고 그러는 것이 좋아!
　손 대리: 이미 잡혀 있는 선약이 있는데, 이런 식으로 맘대로 결정하시면 곤란합니다.
　오 팀장: 그래도 모처럼의 회식인데 친구약속은 다음으로 미루면 안 될까?
　손 대리: 그건 곤란합니다. 회사이건 개인이건 선약이 우선이라고 생각합니다.

　논리적으로 보면 부하직원의 말이 틀린 말이 아니다. 그렇다 하더라도 부하 직원에게 무시당하는 상사의 기분은 좋을 리가 없다. 다음의 데이터를 한번 보아주기 바란다.

〈조사대상〉 팀장급 이상 관리자 35명

팀장급 이상 관리자 35명이 제출한 답변을 보면, 부하직원의

지시거부나 반대가 공개적인 자리에서 있을 경우 66%가 '불쾌

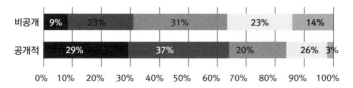

Q2. 부하직원의 지시거부나 반대가 있을 때 느끼는 감정은 어느 쪽입니까?

■ 상당히 불쾌하다 ■ 약간 불쾌하다 ■ 모르겠다 □ 포용하려 노력한다 ■ 적극적으로 포용한다

비공개	9%	23%	31%	23%	14%
공개적	29%	37%	20%	26%	3%

하다'는 의견이었다. 그러나 비공개의 사적인 자리에서의 불쾌
감은 그 절반인 32%로 떨어진다. 반발이나 반대의견에 대해 포
용한다는 의견도 공개적인 자리에서는 14%에 불과하지만 사
적인 자리에서는 37%로 높아지게 된다. 역시나 공개적인 자리
보다는 사적인 자리에서 포용력은 올라가고 불쾌감도 줄어드
는 현상이 있음을 알 수 있다.

　아무리 팀장의 생각이 틀렸다 하더라도 공개석상에서의 무
시는 큰 화근이 된다. 그러나 현장에서 활동하다 보면 위와 같
은 경우를 적지 않게 목격하곤 한다. 그렇다면 왜 이런 일들이
조직 내에서 발생하는 것일까? 예의 없는 부하직원들 때문이
기도 하지만 대부분은 자질이 안 되는 상사들 때문에 일어나는
경우가 많다. 세상의 모든 관리자들이 모두 퍼펙트하고 훌륭한
사람들로만 구성되어 있지는 않기 때문이다. 부하로부터 인정
을 받지 못하는 리더도 생각보다 많다.

리더가 부하직원들에게 제대로 인정을 받지 못하는 이유는 크게 두 가지가 있다.

첫 번째, 아직 리더로서 제대로 적응도 되어 있지 않은 상태에서 조직 관리의 책임을 맡았기 때문이다. 어느 날 갑자기 관리자가 되는 사람은 없다. 일반직원에서 시작해서 능력에 대한 인정을 거치고 다음 단계로 승진하는 것이다. 이 대목에서 한 번 곰곰이 생각해볼 필요가 있는 것이 새로운 보직에서의 업무 적응이다.

새로운 포지션에서 일정기간의 업무적응 기간이라는 것이 필요한데, 조직은 그걸 기다려주지 않는 것이 현실이다. 리더도 사람이기 때문에 새로운 환경에 적응하기 위해서는 어느 정도의 시간이 필요하다. 하지만 현실은 냉혹하다. 결과적으로 그들은 미숙한 관리능력 때문에 부하직원들로부터 인정을 받지 못하고 자괴감에 빠지는 상황이 되는 것이다. 일명 '피터의 법칙'이 작용되는 것이다.

'피터의 법칙peter`s principle'이란 말이 있다. 특정 분야의 업무를 잘해낼 경우 그 능력을 인정받아 승진하게 되는데, 직위가 높아질수록 오히려 그 사람이 내는 성과는 낮아진다는 의미다. 캐나다 출신으로 미국 컬럼비아대학 교수였던 로렌스 피터 Laurence Peter가 붙인 이름이다.

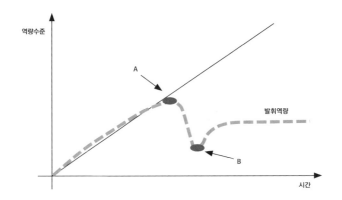

피터 교수는 수백 건의 무능력 사례를 연구한 결과, 승진체계에 큰 문제가 있음을 밝혀낸다. 그는 승진이라는 체계에 대해 '자기가 잘하던 일에서 못하는 일로 옮겨 가는 과정'이라고 설명한다. 즉 조직에서 일을 열심히 해서 능력을 인정받는 사람은 승진을 하게 되지만 승진한 지위에 오른 그 사람은 새로운 업무에 대해서는 전혀 경험과 지식이 없는 신입이 된다는 것이다. 이후 다시 일을 배우고 그 일에 능숙해지게 되면 또 다시 승진하게 되어 업무의 능률이 떨어지는 일이 반복된다는 것이다.

두 번째 이유는, 사람은 기본적으로 지위가 올라갈수록 자신보다 똑똑하거나 스마트한 사람을 경계하는 경향이 있기 때문이다. 이는 위에서 언급한 '준비가 안 된 관리자'들이 당하는 위기상황과도 무관치 않다. 지위가 올라갈수록 그 지위에 어울리는 전문가적 관점의 지식이 요구되는데, 현실은 이런 요구를 따라오지 못하는 것이다. 그러다 보니 자신도 모르게 상사보다 더 똑똑한 부하직원을 위협의 대상으로 바라보면서 본인도 상대를 그렇게 대하는 것이다.

물론 자신보다 덜 똑똑한 사람에게 대하는 태도는 자신보다 더 똑똑한 사람에게 대하는 태도보다 더 상냥하고 친절한 것은 말할 것도 없다. 이는 스마트하지 못한 리더에게 특히 많이 나타나는 현상으로서 그들의 지위가 올라가면 올라갈수록 이런 성향도 동반해서 높아지는 경향이 있다.

그렇다면, 상사를 없애 버리면 어떻게 될까? 스마트하지 못한 상사는 없애 버리고 조직을 완전 수평구조로 만드는 것이다. 그렇지 않아도 요즘 '수평구조'라는 단어가 유행처럼 번지고 있는데, 이참에 조직전체를 리더가 없는 수평조직으로 만드는 것이다. 경영자라면 이런 달콤한 유혹에 흔들리지 않을 사람이 거의 없다. 정말로 수평조직의 효율성이 훨씬 좋은 것인가? 리더가 없는 수평구조의 조직이 미래 조직의 표준이 될까?

이 질문에 대해, "서열을 갖춘 조직이 더 효율적으로 움직이고 위기관리에도 도움이 된다."고 주장한 이가 있다. 네델란드 암스테르담대학의 리처드 로네이Richard Ronay 교수의 연구자료 〈The Path to Glory Is Paved With Hierarchy: When Hierarchical Differentiation Increases Group Effectiveness〉를 토대로 정리해보았다.

<연구방법 1>

　연구진은 138명의 학생들을 A~C의 세 그룹으로 나누어 다음과 같이 조건을 설정했다. A그룹에게는 자신이 남에게 권력을 행사했던 기억을 떠올리게 했다. B그룹에게는 타인에게 굴복했던 기억을 회상하게 했다. C그룹에게는 최근에 슈퍼마켓에 갔던 때를 기억하게 했다. 그리고 학생들을 적당히 배합하여 한 팀을 이루게 했는데, 팀의 조건은 ①대다수가 A그룹에 속해 있던 학생들로 이루어진 팀, ②대다수가 B그룹에 속해 있던 학생들로 이루어진 팀, ③A~C의 그룹에 속한 학생들이 고르게 섞인 팀으로 구성했다.

　팀에게 주어진 과제는 문장 만들기 게임이다. 연구진은 팀원들 각자에게 16개의 단어를 주고 그것으로 여러 개의 문장을 만들라고 지시한다. 각 팀에게 주어진 시간은 5분이고, 팀원들은 주어진 시간 내에 단어를 조합해 가능한 한 많은 수의 문장을 완성해야 한다. 그리고 이 과제와는 별도로 팀 과제를 마친 팀원들에게 클립이나 벽돌 같은 물건들을 얼마나 다양한 용도로 쓸 수 있는지를 써내라는 주관식 문제도 부여했다.
　참고로 문장 만들기는 팀원들끼리의 상호작용이 필요한 것이지만, 클립이나 벽돌을 어떤 용도로 쓸지를 써내라는 과제는 상호작용이 필요 없는 개인 과제다.

<연구결과 1>

문장 만들기 게임에서는 A~C가 고르게 섞인 ③팀이 가장 높

은 성과를 냈다. 그리고 차이는 크게 나지 않았지만 B그룹이 대다수를 이룬 ②가 대부분 A로 구성된 ①보다 조금 높은 성과를 보여주었다. 반면 팀원들이 서로 의존할 필요가 없었던 개인 과제에서는 세 팀의 성과 차이는 거의 없었다. 권력이 지나치게 많아도 지나치게 없어도 성과에 도움이 되지 않는다는 의미다. 적당히 힘의 균형이 자리 잡고 있는 조직이 좋다는 의미로 해석할 수 있다.

〈연구방법 2〉

연구진은 집단의 서열이 구성원들의 테스토스테론 수치에 매우 관련성이 높다는 다른 연구에 착안해 후속 실험을 진행했다. 테스토스테론은 권력욕, 지배욕과 관계가 있는 남성 호르몬이다. 그리고 인간을 포함한 유인원 집단의 우두머리는 이 호르몬 수치가 일반적으로 높다고 알려져 있다. 연구진은 팀원들의 테스토스테론 수준이 모두 높을 때와 모두 낮을 때, 그리고 각기 다를 때, 팀의 성과가 어떻게 변하는지를 알아보는 실험을 진행했다.

연구진은 ①하이 테스토스테론으로만 이루어진 팀, ②로우 테스토스테론으로만 이루어진 팀, ③골고루 섞인 팀으로 그룹을 나누었다. 그리고 첫 번째 실험과 동일한 문장 만들기 게임을 과제로 부여했다.

〈연구결과 2〉

결과물을 조합해 보니 팀원들의 테스토스테론 수준이 ③골

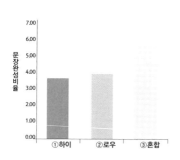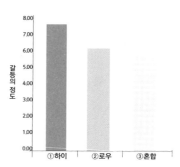

고루 섞인 팀이 가장 좋은 성과를 낸 사실을 확인한다. 이어서 학생들의 설문응답을 분석해보았다. 그랬더니 ①하이 테스토스테론으로만 이뤄진 팀에서 팀원들 간의 갈등 수준이 가장 높게 나왔다는 사실이 밝혀진다. 결과적으로 이런 갈등과 충돌이 그들에게 주어진 과제해결에 방해가 된 것이다. 이는 곧 생산성과 성과에도 나쁜 영향을 미친 것이다.

평등조직이 갖는 장점은 매우 많다. 그러나 한편으로 아무런 서열구조가 없다고 생각해 보자. 누가 어디까지 어떤 방식으로 할지에 대한 결정의 주체가 없는 상황은 더욱 더 큰 혼란만 부추길 뿐이다. 특히나 조직에 위기가 닥쳤을 때, 의사결정을 해줄 주체가 없다는 건 큰 위험요소이다. 리스크의 제거, 공통의 목표달성을 위해서도 기본적인 서열은 있어야 한다. 무엇보다도 업무관계와 인간관계의 갈등을 해결하기 위해서라도 조직의 서열은 필요하다. "사공이 많으면 배가 산으로 간다'는 말은 많은 사람들의 경험에서 우러나온 지혜의 언어이다.

1. 평등구조가 무조건 성과에 도움이 되는 것은 아니다.

2. 자기 주도성이 강한 사람들로 구성된 집단은 높은 긴장과 갈등에 좋은 협력을 기대하기 힘들다.

3. 협업으로 일해야 하는 집단에서는 의사결정의 서열이 정해져 있는 것이 성과에 도움이 된다.

03 독선적 리더가 조직을 망친다

오랜 시간 제조기업에서 일하다가 얼마 전에 제약회사의 인사임원으로 이직을 한 친구가 있다. 얼마 전, 우연히 그를 만났고 새로운 업으로 이직한 일에 대해 소감을 물어보았다. 그는 새로운 곳으로 옮기고 한 가지 놀란 것이 있다고 말했다. 병원이나 약국을 상대로 한 리베이트 관행이 여전히 성행하고 있다는 사실에 조금 놀랐다고 한다. 소위 업계관행이라는 이유로 여전히 이런 행위를 방조하고 있는 경영진의 안이한 태도가 이해되지 않는다는 말도 했다. 그리고 그릇된 문화를 바꾸고 싶은데 어디서부터 시작하는 것이 좋을지 모르겠다는 말도 덧붙였다.

오랜 시간 이어져온 관행을 어느 한 사람의 힘으로 바꾼다는 것은 쉬운 일이 아니다. 더군다나 인사라인에서 영업방식의 개혁에 드라이브를 거는 것은 더욱 힘겨운 일이다. 어느 업종이고 영업하는 사람들을 대상으로 한 교육에서 가장 많이 듣는 말이 있다. "당신이 영업을 해 보았느냐? 직접 해보지 않았으면 말을 말라."는 말이다. 틀린 말은 아니다. 해당 분야에 대한 직접적인 경험 없이 뭔가를 조언하거나 개선의 드라이브를 건다는 건, 교과서에나 나오는 아름다운 이야기에 불과하니까.

여기서 접근해야 하는 것이 바로 '간접경험'의 활용이다. 옳지 않은 관행을 그대로 방치해 두었을 때 발생하는 피해나 손실에 대해 구체적인 사례를 들어서 상대방을 설득하는 것이다. 티몬제약(가칭)이라는 제약회사의 영업부애서 실제 있었던 일이다. 티몬은 제약업계에서 갑자기 초스피드로 성장하고 있는 기업이다. 성장의 기폭제가 된 건 새로 영입한 영업본부장의 강한 추진력에서 비롯되었다고들 말한다. 영세한 규모로 운영되던 회사였는데 지금의 영업본부장이 영입되어 오고 난 후에 급속도록 성장하기 시작했다는 것이다. 회사의 성장모델을 영업으로 가져가면서 그쪽 분야 사원들을 대거 영입하기 시작했고, 이후로 가파른 성장세를 이룬 것이다.

자신의 분야에서 탁월한 실적을 낸 사람들이 부하직원을 대할 때 표출하는 몇 가지 공통점이 있는데, 그중의 하나가 고압적인 자세와 엄격한 평가다. 아마도 모든 기준이 자신에게 있기 때문일 것이다. 높은 기준을 갖고 있기 때문에 이 기준에 따라오지 못하는 직원들을 바라보는 시각이 부드러울 수 없다. 그러다 보니 사무실 분위기가 점점 무겁고 어두워진다. 티몬제약의 영업본부장도 마찬가지였다. 지금까지 자신이 해왔던 방식으로 성공을 거두었기에 부하직원 모두에게도 자신의 스타일을 강요하고 있었고, 그러다 보니 직원들도 수단과 방법에 대한 고민은 그렇게 중요하다고 생각하지 않는 분위기가 만연해가고 있었다.

상당히 위험한 가치관을 가지고 있다고 생각하고 있었는데, 아니나 다를까 결국은 대형사건이 하나 터지고 말았다. 입사한 지 얼마 되지 않은 젊은 친구 하나가 내려오는 압박 때문에 심한 스트레스를 받다가 결국 사고를 친 것이다. 급하다는 병원의 전화를 받고 본부장이 부르짖는 '고객만족'을 위해 중간단계의 절차를 생략한 것이다. 공식적인 절차 확인도 없이 아직 출고도 되지 않은 제품을 병원에 직접 납품한 것이다. 다행히도 공급된 제품의 일부에 얼마간의 하자가 있음이 보고되면서 이 제품은 고객에게 도달하지 못하고 전량 수거되었다.

이처럼 고객이 부르면 수단과 방법이 무시되는 이곳 영업부서의 관행을 이상하다고 생각하는 사람은 많지가 않았다. 정당한 실력이나 제품의 퀄리티보다는 병원종사자들에 대한 인간관계가 매우 중요하게 매출의 성패를 좌우하고 있었던 것이다. 세미나를 빙자한 해외여행이나 관광상품의 제공 등과 같은 것들도 공공연히 벌어지고 있었다. 심한 경우는 의사 개인적인 일 처리를 영업사원이 대신해주는 일도 다반사였다고 한다. 그러다 보니 위에서처럼 공식적인 절차를 무시하고 영업사원이 임의대로 출고하여 병원에 납품하는 일이 생겨난 것이다.

이런 관행을 받아들이기 힘든 직원들은 정신적 물질적 피해를 입고 인사상으로도 불이익을 당하게 되니 당연히 퇴사를 하게 된다. 남은 사람들은 실력으로 하는 승부보다는 관계영업에 더욱 목을 매는 악순환의 반복이 계속해서 이어지고 있는 것이다. 언제 터질지 모르는 뇌관을 안고 있다고 생각했는데, 다행히도 영업본부장이 퇴사를 하면서 이런 악순환의 고리를 끊을 수 있었다.

그렇다고 해서 관계영업이 나쁘다는 말은 절대 아니니 오해하지 않으면 좋겠다. 자신이 담당하는 고객에 대해 관심을 갖고 친밀감을 유지하기 위해 노력하는 행동은 매우 바람직한 행동이라고 생각한다. 다만, 그것이 우선시되어서는 안 된다는 것이다. 그보다 먼저 선행되어야 할 우선순위가 있다. 바로 조직이 선한 가치관을 가지고 이 가치관이 조직 전체를 감싸게 해야 한다는 것이다.

한 가지 예를 들어 설명해보겠다. 티몬과 동종업계에 있는 '유한양행'의 사례를 들어보고자 한다. 유한양행은 모두가 알다시피 우리나라 국민이 가장 존경하는 기업 중의 하나다. 그도 그럴 것이 유한과 관련된 선한 에피소드는 수도 없이 많기 때문에 대한민국 사람이라면 유한의 이야기를 모르는 사람이 별로 없다. 1936년에 설립하여 독립자금을 지원했던 민족기업으로서의 에피소드뿐만 아니라 창업주 유일한 박사의 유언도 모르는 사람이 없을 정도로 유명한 일화다.

〈유한양행 창업자 유일한 박사의 유언〉
 1. 전 주식을 모두 한국사회에 기증하라.
 2. 아내는 딸이 잘 돌봐주길 바란다.
 3. 아들은 대학졸업을 시켰으니 스스로 자립하여 살기 바란다.
 4. 손녀는 대학 졸업을 위해 필요하니 1만 달라만 주라.
 5. 딸에게는 유한공고 주변의 땅 5천 평을 주라. 단, 동산으로 꾸미고 결코 울타리를 치지 말고 개방하라.

경영은 지금도 세습을 거부하며 전문경영인에게 맡기고 있으며 외부 인사의 영입이 아니라 내부인사의 승진을 원칙으로 하고 있다. 현재의 대표이사, 그 이전의 대표이사 또 그 이전의 대표이사 모두가 평사원으로 입사해 지금의 자리에 오른 사람들이다. 유한의 현관에 걸려있는 '있는 힘을 다하여 가장 좋은 상품을 만들어 국가와 동포에게 도움을 주자'는 표어는 장식을 위한 단순한 슬로건이 아니다. 모두가 진심에서 우러나는 마음으로 가슴에 새기며 따르는 100년기업 유한양행을 유지시키는 심장과도 같은 것이다.

글의 서두에 소개한 티몬제약의 영업본부장이 나에게 이런 말을 한 적이 있다. "우리나라에 의사나 약사 눈치 안 보고 영업하는 제약회사는 없다. 정도의 문제만 있을 뿐이다." 이 대목에서 한 가지 질문을 던져보고 싶다. 과연 유한양행의 영업사원들도 의사 자녀들의 등하교를 도와주고, 개인적인 용무를 대신해주고, 때때로 해외여행 경비도 대주고 그러는지?

그렇다고 매출이 중요하지 않다는 말은 절대 아니다. 실적을 올리기 위해서라면 수단과 방법을 가리지 않는 그런 사고가 문제라는 것이다. 매출만 일으키면 모든 게 문제없다는 생각이 통용되던 시대는 예전에도 없었고 지금도 없으며 앞으로도 없을 것이다. 이런 것들에 대해 어느 선까지 허용 가능한지에 대한 사회적 공감대의 문제라고 보는 것이 옳은 표현일 것이다. 과거에는 허용의 범위가 다소 넓었다고 한다면 지금은 수용의 여지가 거의 없다는 것이 차이점일 것이다.

그렇다면 왜 아직도 많은 조직이 이런 업계관행이라는 악습에서 벗어나지 못하고 있는 것일까? 그건 그 조직을 이끄는 리더의 개인적인 성향이나 개인적인 경험에 짓눌려 있기 때문이다. 그들이 만들어 놓은 분위기에 익숙해져 있기 때문이다. 그런데 그 분위기라는 것이 도덕적으로 올바르지 못한 리더가 만들어 놓은 것이라서 여러 가지 문제점을 안고 있으며, 조직에 앞으로도 더 큰 위험요소로 작용할 가능성이 높다는 것이 가장 큰 문제이다.

조직을 큰 곤경에 처하게 만든 티몬제약 영업본부장이 그랬다. 도적적으로 올바르지 못한 사람이 부서를 이끌고 있으니 그 안에 있는 사람들의 고통이 이만저만이 아니었던 것이다. 아래는 그의 영업철학이다. 그가 어떤 생각으로 조직을 이끌었는지 알 수 있다.

〈영업의 3대 원칙〉

1. 자존심은 출근할 때 냉장고에 두고 와라.

2. 고객만족이 모든 것이다. 수단방법 가리지 말고 만족시켜라.

3. 영업은 실적이 모든 걸 증명한다. 실력 없는 애들이 말이 많은 법이다.

영업부서의 직원들은 말할 것도 없고 타 부서의 직원들도 암기할 정도로 회사의 사훈처럼 여겨지고 있었다고 한다. 오래전에 나는 이곳의 영업본부장과 인터뷰를 한 적이 있다. 인터뷰 내내 받았던 인상은 욕심이나 권력욕이 상당히 높다는 느낌이었다. 물론 부하직원들에게 요구하는 기대도 적지가 않았다. "충분히 지금보다 2~3배 정도는 매출을 끌어 올릴 수 있는데 게을러서 움직이지 않는다."는 말을 스스럼없이 나에게 해주었다. 인터뷰가 끝난 후 인사팀장에게 그 분의 과거 경력을 슬쩍 물어보았다. 그랬더니 예전 직장에서는 "영업의 신으로 통했다."는 답변이 돌아왔다. 그러나 허수뿐인 숫자에 속아 그의 내면을 보지 못한 대가를 티몬제약은 지금 톡톡히 치르고 있다.

이처럼 비도덕적인 의식을 가진 리더의 조직운영으로 인해 조직전체가 사회적 지탄을 받고 사람들의 조롱거리가 된 유명한 일화가 있다. 일본의 미식축구경기장에서 일어난 일인데, 사건이 일어난 당시에는 일본 내에서 엄청난 반향을 불러일으킨 대형사건 중의 하나였다. 사건을 재구성해보면 다음과 같다.

2018년 5월 6일 일본 미식축구의 강호 니혼(日本)대학과 간세이가쿠인(関西学院: 표준어는 '간사이'지만 오사카에서는 '간세이'로 부른다)대학 간에 미식축구경기가 벌어진다. 그런데 시합도중 니혼대학의 선수 하나가 간세이가쿠인의 쿼터백을 뒤에서 들이받는 사건이 발생했다. 전국방송으로 생중계되고 있는 상황에서 갑자기 발생한 이 사건은 경기를 시청하고 있던 국민들을 충격으로 몰고 갔다. 큰 부상을 입은 간세이의 쿼터백은 병원으로 긴급 호송이 되었고 시합은 중지되었다.

사건이 있고 바로 경찰의 대대적인 조사가 벌어졌다. 그 결과 니혼대학의 미식축구부 감독인 우치다(內田)씨가 시합 전에 학생들을 불러 모아 "상대방 쿼터백이 신경에 거슬린다. 어떻게 안 보이게 좀 해주면 좋겠다."는 말을 했다고 한다. 이 말을 들은 학생 하나가'상대방 쿼터백이 다음 시합에 나오지 못할 정도의 심한 부상을 입히라는 뜻'으로 자의적인 해석을 하고 알아서 일을 저질렀다는 것이다. 스포츠에 종사하는 사람들조차도

"수만 명의 관중이 지켜보는 가운데 그런 악질적인 행동을 한다는 건 도저히 이해되지 않는다."고 입을 모아 말할 정도로 이 사건은 한동안 일본에서는 엄청난 뉴스거리가 되었다.

경찰조사결과 밝혀진 사건의 배경을 보면 '절대적 권위를 가진 감독의 비윤리적 의식'이 본질적인 문제였던 것으로 밝혀진다. 니혼대학 미식축구부에서 선수로 뛰었던 어느 OB는 TV인터뷰에서 "감독님이 하늘이 빨갛다고 하면 빨간 것이고 노랗다고 하면 노란 것이다. 따라서 사리분별에 대한 개인적인 가치기준은 그리 중요하지 않았다. 우리 조직은 항상 그런 분위기였다."고 말했다.

아무튼 감독의 비도덕적인 의식이 부른 참극은 경기장 안에서의 문제로 끝나지가 않았다. 니혼대학은 학부생만 8만 명에 이를 정도로 일본에서는 가장 많은 학생을 보유하고 있는 사립대학이다. 학생의 수가 많다 보니 당연히 각계각층에 퍼져 있는 졸업생의 숫자도 만만치가 않은데 이 사건으로 인해 학교 이미지가 순식간에 바닥으로 추락한 것이다. "니혼대학처럼 행동하지 마세요."라는 신조어도 등장했다. '비겁한 행동을 하지 말아 달라'는 의미를 담고 있다고 한다.

이웃나라 일본의 사례를 가져와 보긴 했지만, 스포츠계의 이런 비상식적인 조직문화의 폐단은 우리나라에서도 흔하게 있는 일이다. 다만 구체적인 실명을 거론하기에는 부담이 있어 여기서는 생략하고자 한다. 그런데 이렇게 윤리적인 의식이 결여된 채 권위적인 지위만 가지고 있는 리더들의 특징이 있다. 가치기준이 자기 자신에게 쏠려 있다는 것이다. 그 어떤 불법적 탈법적 행동도 본인이 정당하다고 생각하면 옳은 것이고 본인의 가치기준에 맞지 않으면 틀린 것이라고 생각한다.

비도덕적인 리더는 지위가 올라갈수록 이기적인 행동을 하는 경향이 높다는 연구논문을 발표한 이가 있다. 그들은 사적 이익의 추구에 더 강하게 집착하는 경향이 있다는 것이다. 반면에 도덕적인 리더는 지위가 올라갈수록 공적 이익을 우선시하는 경향이 있다고 한다. 미국 하버드경영대학원의 조슈아 마고리스Joshua D. Margolis 교수는 논문「Does Power Corrupt or Enable? When and Why Power Facilitates Self-Interested Behavior, 2012」에서 "비도덕적인 사람이 권력을 갖게 되었을 때는 이기적으로 행동할 가능성이 높다."고 말했다.

〈연구방법〉

연구진은 미국 내 173명의 성인을 대상으로 권력이 이기심에 미치는 영향에 대해 알아보기 위해 설문조사를 해보기로 했다. 참가자들의 평균 근속연수는 4.28년이었으며 종사하고 있는 산업분야는 소매, 판매, 컨설턴트, 공무원, 의료 등으로 다양했다. 연구진은 실험에 참가한 사람들을 대상으로 그들의 지위가 올라갔을 때 도덕적인 의식이 미치는 영향에 대해 알아보기로 했다.

〈연구결과〉

도덕적 정체성이 강한 사람들은 권력이 올라가도 이기적으로 행동할 가능성이 낮은 것으로 나타났다. 반면 도덕적 정체성이 약한 사람들은 권력을 갖게 되었을 때 이기적으로 행동할 가능성이 더 높은 것으로 나왔다. 즉, 강한 도덕적 정체성을 가진 사람들은 본인의 지위가 올라가는 상황에서는 더욱 더 강한 윤리적 사고와 함께 이타적 행동을 보여준다. 하지만 도덕적 정체성이 약한 사람들은 자신의 지위가 올라갈수록 사적 이익을 챙기려는 이기적 행동이 증가하는 것으로 나타났다.

도덕적이지 못한 사람이 리더의 자리에 오르는 건 정말 위험한 일이다. 개인적인 일탈행위가 해당 본인에게서 끝나지 않기 때문이다. 조직의 일원으로 개인이 존재하는 것이지 조직을 떠난 개인적인 존재는 있을 수 없다. 때문에 개인의 일탈행위는 조직 전체에 큰 피해를 입히게 된다. 구성원의 개인적 일탈행위가 발생했을 때, 이는 그 사람 개인적인 차원에서 끝나지 않는다. 그가 몸담고 있는 조직 전체가 못된 집단으로 매도되는 것이 현실이다. 직급이 높으면 높을수록 조직에 미치는 피해의 크기도 비례해 간다.

이런 이유로 조직은 승진심사에 있어서 리더의 도덕성을 중요시 여겨야 한다. 도덕성은 다소 떨어지더라도 실력이 뛰어나다는 이유로 승진에 유리한 점수를 주는 기업이 적지 않다. 그러나 이는 부메랑이 되어 돌아올 것이다. 위에서 제시한 논문이나 현장 사례에서도 나와 있듯이 도덕성이 결여된 리더는 조직전체를 한 순간에 몰락시킬 수 있는 잠재적 위험요소를 가지고 있기 때문이다. "쌓아 가기는 어려워도 무너지는 건 순식간이다."는 말을 명심하면 좋겠다.

요약정리

1. 지나치게 권력이 몰릴 경우 독선적인 리더가 되기 쉽다.

2. 독선적인 리더는 본인이 도덕적이고 합리적이라는 자가당착에 빠질 확률이 높으며, 이는 타인에 대한 엄격한 평가를 만드는 동기가 된다.

3. 도덕적이지 못한 사람이 리더가 된다는 것은 그만큼 조직의 잠재적 리스크도 올라간다는 의미를 내포하고 있다.

04 깨진 유리창의 법칙을 명심하자

그분들이 청결에 집착하는 이유

직업의 특성상 나는 많은 기업가들을 만나고 있다. 그중에는 소위 말해 잘나가는 사장님도 있지만 언제나 그 자리에서 아무런 변화가 없는 분들도 적지 않다. 매년 두 자리 수의 성장세를 유지하는 기업들을 운영하는 분들도 있고, 회사를 만들고 수십 년이 지났지만 항상 그 자리에서 직원들 월급 걱정에 은행을 기웃거리는 분들도 적지 않다. 그런데 내 눈에는 그 차이가 어디서 오는지 확연히 눈에 보인다.

나처럼 경영컨설턴트라는 직업을 가지고 있지 않아도 상관없다. 그곳의 회사를 방문하고 그곳 사장들과 몇 번의 만남을 가질 수 있다면 누구든지 그 차이가 어디에 있는지를 느낄 수 있다. 톨스토이의 위대한 소설 『안나 카레니나』에 나오는 유명한 문장 "행복한 가정은 모두 엇비슷하고 불행한 가정은 불행의 이유가 제각기 다르다."는 말처럼, 잘 나가는 기업들은 모두 비슷한 이유가 있지만 망해가는 기업들은 다양한 이유를 안고 있는 듯해 보인다. 그중에 하나가 '청결'이다.

사업을 하는 사람들에 대해 오해하고 있는 것들 중에 하나가 이 부분이다. "큰 회사를 경영하시는 분들은 작은 일에는 별로 신경을 쓰지 않을 거야. 책상정리, 사무실 청소, 뭐 이런 것들은 관심도 없겠지, 있다 해도 다른 사람들이 알아서 해주겠지." 이렇게 생각하는 사람들이 의외로 많다. 그러나 이런 생각을 가지고 사업하신 분들을 나는 본 적이 없다. 위에서 언급한 '아무리 시간이 지나도 제자리걸음에 계신 분들'을 빼고는 주변 정리에 무신경으로 계신 분들을 나는 만나 본 적이 없다. 오히려 큰 회사를 경영하시는 분일수록 기업이 크면 클수록 본인의 사무실은 물론, 사업장의 위생환경이나 정리정돈에 대한 중요도를 최우선 순위에 두는 경향이 강했다.

직원 수가 약 300여 명 정도 되는 중견 제조회사에서 있었던 일이다. 그곳의 대표는 대기업에 화장품의 원료를 납품하는 일을 하시는 분인데, 항상 외부에서 만나다가 처음으로 그분이 경영하시는 회사를 방문했을 때의 일이다.

조금 일찍 방문해서 간단하게 대화를 나눈 후 점심을 먹기 위해 회사 구내식당으로 이동하는데, 가는 도중에 바닥에 자그마한 쓰레기들이 몇 개 눈에 들어왔다. 지나가는 직원들이 제법 많았는데도 본인이 직접 주어서 쓰레기통에 버리는 모습이 참 인상적이었다. 이런 행동은 구내식당에 들어가서도 마찬가지였다. 청결상태나 위생상태를 확인하면서 혹시나 지저분한 물건이나 어지럽혀져 있는 식탁이 눈에 띄면 본인이 바로 몸을 움직여서 깨끗이 정리하는 것이었다.

식사를 마치고 돌아와 티타임을 갖는데, 마침 '정리정돈'이 이슈가 되었다. 그곳 대표의 조금 전 행동을 떠올리며 "누구 시키지 그러셨어요?"라는 말로 운을 떼 보았다. 그러자 "누가 하면 어떻습니까? 아무나 먼저 보는 사람이 치우는 거지요."라는 답변이 돌아왔다. 그러면서 한 가지 흥미로운 말씀을 들려주신다.

"신 소장, 마침 '정리정돈'이라는 말이 나왔으니 하는 말인데, 내가 재미있는 이야기하나 들려드릴까요?"
"네 대표님, 무슨 이야기인데요?"
"신 소장도 알다시피 내가 그 유명한 00화장품을 퇴직하고 지금의 회사를 설립한지 벌써 10년이 넘어가는데, 아까 말한 '정리정돈'과 관련해서 흥미로운 사실 하나를 깨닫게 되었답니다."
"그게 무엇인데요?"
"일 잘하는 친구들의 특징이 정리정돈을 잘한다는 거예요.

반면, 조직에서 인정받지 못하는 친구들의 책상을 가보면 정리가 안 되어 있는 경우가 많아요. 복장도 마찬가지에요. 반듯하고 청결하게 입고 다니는 친구들을 보면 조직에서 그 능력을 인정받는 친구들이 대부분인데, 반대로 복장상태가 별로이다 싶은 친구들을 보면 하나같이 상사로부터 인정받지 못하는 친구들이 많아요. 신기하지 않아요?"

그러면서 본인이 예전에 00화장품에 근무했을 당시에도 이런 차이는 많이 느꼈던 바라고 말씀하신다. "00화장품에서 본부장으로 있을 때, 내가 관리하는 직원 수가 수백 명에 이르렀지요. 그때도 항상 느낀 거지만 확실히 일 잘하는 사람과 일 못하는 사람 사이에 '청결'이라든지, '정리'라든지 이런 거에 대한 습관의 차이는 분명 존재하고 있었던 거 같아요. 신 소장은 이쪽 분야 전문가니까 왜 그런지 이유를 알고 있지 않을까 하는데…."라는 말과 함께 내 얼굴을 쳐다보신다.

경제용어 중에 '깨진 유리창의 법칙'이라는 것이 있다. 1982년 제임스 윌슨James Wilson과 조지 켈링George Kelling이 자신들의 이론을 월간잡지 《Atlanta》에 발표하면서 명명해진 범죄학 이론이다.

내용은 이렇다. 건물 주인이 건물의 깨진 유리창을 그대로 방치해두면, 지나가는 행인들은 그 건물은 관리를 포기한 건물로 판단하고 돌을 던져 나머지 유리창까지 모조리 깨뜨리게 된다는 것이다. 나아가 그 건물에서는 절도나 강도 같은 강력범죄가 일어날 확률도 높아진다고 한다. 이 용어는 깨진 유리창과 같이 사소한 것들이 도시 전체를 무법천지로 만들 수 있다는 의미로 쓰이기 시작하면서 사소한 문제를 그냥 넘기지 말라는 메시지를 담고 있는 경제학 용어가 되었다.

그렇다면, 이 대목에서 여러분에게 질문하나 던져 보겠다. 그분이 말씀하신 것처럼 복장이나 청결, 정리정돈 이런 것들이 과연 성과와 관련이 있는 것일까? 일면 사소하게 보이는 이런 것들이 직무능력이나 조직의 성과창출에도 도움이 되는 것일까? 이 글을 읽고 있는 여러분들의 생각이 우선 궁금해진다. 정답을 말하면 'Yes'다. 두 가지 관점에서 이유를 접근해보겠다. 첫 번째는 현장의 경험을 바탕으로 한 주관적인 생각이고, 두 번째는 지금까지 나온 각종 연구 자료를 바탕으로 한 객관적인 설명이다.

왜 정리정돈이 안 된 지저분한 사무환경과 복장은 개인의 성과, 더 나아가서 조직의 성과를 떨어뜨리는 요인이 될까? 그 이유에 대해서 7가지 항목으로 나누어서 설명해보고자 한다. 20년 이상을 현장에서 일한 직장인의 한 사람으로서, 아래의 내용은 수많은 사람들과 동고동락하면서 개인적으로 느껴 본 감상을 바탕으로 적어 본 것이다.

지저분한 사무환경이 조직성과를 떨어뜨리는 7가지 이유

1. 스트레스를 준다 - 하루 일과를 시작하기 위해 책상에 앉았을 때 책상 위에 쌓인 어지러운 파일더미는 그 자체가 스트레스로 작용한다. 인간의 뇌 구조는 기본적으로 처음 본 사물에 대해 깨끗한 이미지를 담는 것을 좋아한다. 그런데 처음으로 눈에 들어오는 것이 지저분한 상태로 있을 경우, 원했던 이미지와의 충돌에 의해서 스트레스를 받게 된다고 한다.

2. 건강에 좋지 않다 - 사무실에서 우리가 다루는 키보드에는 평균적으로 1만 개의 박테리아가 살고 있다고 한다. 자신의 건강을 지키는 일은 자신의 사무환경을 깨끗하게 유지하는 것과 연관되어 있다는 사실을 알아야 한다. 더러운 책상과 의자는 박테리아의 기생에 천혜의 조건으로서 결국 우리들 건강에도 좋지 않은 영향을 미치게 된다.

3. 평판을 떨어뜨린다 - 설문에 따르면, 직장인들은 자신의 동료에 대한 평가를 내릴 때 그 동료의 청결상태나 정리정돈에 상당히 큰 영향을 받는다고 한다. 만일 당신이 누군가와 같은 사무실 공간에서 일하고 있다면 당신의 청결이나 위생상태의 조건이 당신의 이미지 형성에도 큰 영향을 미치고 있다는 사실을 의식하면서 일을 봐야 한다.

4. 업무흐름을 방해한다 - 책상위의 사무환경이 지저분한 상태로 있을 경우, 업무 흐름에 상당한 방해요소가 된다. 일을 하

는 사람들은 자신의 책상에 앉았을 때, 기본적으로 순차적인 흐름으로 업무를 보고 싶은 심리가 있다. 순조로운 프로세스로 업무를 보다가 눈을 들어 주변을 보았을 때, 어지러운 사무환경은 순조로운 업무프로세스의 맥을 끊게 만드는 요소로 작용한다.

5. **자신감을 떨어뜨린다** – 청결도는 다른 사람들이 당신을 평가하는 것에도 영향을 미치지만 자기 자신에 대한 평가에도 큰 영향을 미친다. 지저분한 사람이라는 평가를 받는다면 자기 자신에 대한 자신감이 떨어진다. 자신감은 당신이 달성하고자 하는 과업수행에 가장 중요한 요소이다. 따라서 자신감의 결여는 당신의 과업수행을 위한 활동에 전반적으로 악영향을 미치게 된다. 결국 기대에 못 미치는 결과가 나올 가능성이 높다.

6. **이기적인 이미지를 만들 수 있다** – 더러운 책상, 어지럽혀져 있는 사무용품, 순서 없이 쌓여 있는 파일들은 주변 사람들의 정신건강에도 좋지 않은 영향을 미친다. 보고 있는 그 자체만으로도 스트레스를 심어주기 때문이다. 나만 불편하지 않으면 이러 저리 무질서하게 어지럽혀 있다 한들 무슨 문제겠는가? 이런 모습이 이기적인 이미지를 만들어 준다는 것이 문제일 뿐이다.

7. **고객관점으로의 사고를 방해한다** – 타인중심의 이타적 사고방식을 가진 이들은 주변사람들에게 관심이 많다. 주변인에

대한 관심이 높은 것만큼이나 그들 자신도 주변인들로부터 주의 주목을 받고 있다고 생각한다. 그래서 입고 다니는 복장에도 신경을 쓴다. 항상 깨끗하게 보이려고 신경을 쓰는 것은 물론이거니와 가급적이면 다른 디자인이나 색상으로 비주얼적인 측면에서도 주변사람들에게 즐거움을 주려고 노력한다.

다음은 심리학적 관점에서 바라본 부정적인 영향에 대해 논하고자 한다. 이 부분에서 많이 등장하는 용어는 '자기통제능력', '자기조절능력'이라는 단어다. 무질서한 환경은 심리학적으로 자기조절, 자기통제력을 떨어뜨리는 효과가 있다. 연구에 의하면 무질서하거나 혼란스러운 환경에 있는 사람보다 질서 있고 정돈된 환경에 처한 사람들이 훨씬 자기통제능력이나 조절능력이 높은 것으로 나왔다.

무질서는 자기통제를 약화시킨다

이런 연구결과를 발표한 이는 한국인 채보연 박사이다. 채 박사는 현재 홍콩 과학기술대학에서 소비자심리를 가르치고 있다. 그녀가 홍콩으로 건너가기 전, 캐나다 브리티시컬럼비아대학에서 포닥(박사후 과정)을 밟고 있을 때의 일이다. 그녀는 대학원의 연구실에서 같이 생활하는 동료들을 보면서 주변 환경이 잘 정리되어 깔끔하게 생활하는 동료들이 무질서한 환경에서 생활하는 동료들보다도 자기통제능력이 뛰어나다는 사실을 발견했다.

심지어 그들은 더 이성적으로 생각하는 경향이 강했으며 순간순간의 감정의 기복도 그리 크게 나타나지 않은 듯해 보였다. 강한 호기심을 느낀 그녀는 중국인 동료인 루이쭈Rui Zhu와 함께 아래와 같이 환경과 의지력에 대한 실험〈Environmental Disorder Leads to Self-Regulatory Failure, 2014〉을 진행해보았다.

〈연구방법 1〉

채 박사는 우선 자신이 공부하고 있던 학교에 재학 중인 학부생들에게서 지원자를 받았다. 총 103명(남45, 여58)을 선발해서 그들을 두 그룹으로 나누어 퍼즐을 맞추라고 지시했다. 이는 학생들의 인내와 끈기를 측정하기 위한 실험이었는데, 이 과정에 있어서 A그룹과 B그룹의 상황을 다르게 설정하여 그들의 측정 결과를 비교해보기로 한 것이다.

첫 번째 그룹은 방의 내부구조가 다소 어지럽혀져 있는 상태에서 대기하게 했고, 두 번째 그룹은 잘 정돈된 방에서 학생들을 대기하게 했다. 대기하면서 학생들은 자신들의 행동적 특징 등에 대한 자기 평가서를 쓰게 했다. 평소에 자신의 생각이나 의견을 확실하게 전하고 오랫동안 유지해가는 스타일인지, 아니면 주변의 상황에 따라서 자신의 의견이나 생각을 쉽게 바꾸는 타입인지에 대해 기술하게 했다. 이를 통해 개별적 의지의 강약이 환경에 미치는 영향에 대해 알아보고자 한 것이다.

<연구방법 2>

　<연구 1>을 마친 연구진은 후속작업으로 <연구 2>에 돌입했다. <연구 2>에서는 90명(남37, 여53)의 학부생이 동원되었다. 참가자들을 무작위로 각 방에 배정하여 스트룹(1935년 존 리들리 스트룹John Ridley Stroop이란 학자가 고안한 실험으로 정서적 간섭효과의 측정을 위해 많이 이용되는 실험 중의 하나)과제를 수행하게 하면서 참가자들의 인내와 끈기를 측정했다. 여기서 한 가지 상황변수로 설정한 것이 당의 섭취였다. 정확도를 측정하는 스트룹게임은 높은 인내력이 요구되는 게임이다.

　두 그룹으로 학생을 나눈 연구진은 A그룹에게는 실험에 들어가기 전에 당 성분이 있는 음료수와 쿠키를 제공했다. 그들의 기분을 좋게 하기 위한 목적이었다. 반면, B그룹에게는 당 성분이 없는 음료를 마시게 했으며 쿠키는 제공하지 않았다. 갈증을 해소하는 수준에서 스트룹게임에 들어가게 한 것이다. 이를 통해 정신적으로 느끼는 기분이 환경과는 어떤 관계성을 가지는지를 알아보고자 했다.

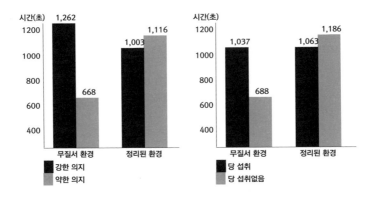

〈연구결과 1〉

앞의 표(左)에서도 나와 있듯이 정리가 잘된 환경에서는 개인적인 의지가 강한 사람이든 약한 사람이든 높은 인내력과 끈기를 보여주었다. 그러나 정리 정돈 상태가 불량한 환경에서는 의지력이 강한 사람과 의지가 약한 사람 사이에는 인내력에 큰 차이를 내고 있음이 밝혀졌다. 자기 확신이 약한 사람의 경우, 질서가 잡히지 않은 환경에서는 인내력이 현저하게 떨어져 있음을 알 수 있다.

〈연구결과 2〉

위의 표(右)에서도 나와 있듯이 정리된 환경에서는 실험에 참여한 두 집단의 결과가 거의 비슷하게 나왔다. 당을 섭취하고 즐거운 기분에서 게임에 들어간 학생들이나 보통의 무드에서 게임에 들어간 학생들이나 인내와 끈기의 정도에는 별로 큰 차이를 보이지 않은 것이다. 그러나 보통의 기분으로 실험에 참여한 학생들의 경우에는 다른 결과를 보였다. 무질서의 상황에서 나오는 인내심이 질서 있는 상황과 비교하여 절반 정도에 그친 것이다.

물론 복장이나 청결상태, 그리고 책상의 정리정돈에서 시작한 이야기가 끈기와 인내력으로 넘어가는 것은 논리의 비약일수도 있다. 하지만 같이 일하고 있는 직원들이나 주변에 있는 사람들을 생각해 보면 전혀 엉뚱한 이야기라고 말할 수도 없다. 그분들을 하나씩 떠올려 보면서 위에서 인용한 논문의 내용을 대조해보면 희한하게도 비슷한 결과가 나오기 때문이다.

　이건 비단 나만의 생각이 아닐 것이다. 홈쇼핑의 상황을 떠올려 보자. 조용하고 차분한 분위기에서 고객의 구매를 요구하는 쇼호스트는 아무도 없다. 그들은 항상 긴박한 상황을 만들어 놓고 정신을 흔들어 놓은 뒤, 마감임박을 부르짖는다. 그리고 우리는 바로 충동구매에 빠진다. 리더는 절대 이런 상황으로 조직을 끌고 가지 않아야 한다.

요약정리

1. 누구 하나가 환경을 지저분하게 하거나 분위기를 망치거나 하면 다른 사람들도 무의식적으로 따라하는 경향이 생긴다.

2. 정리된 환경에서는 개인적인 차이는 별로 나타나지 않는다. 그러나 무질서한 환경에서 의지력과 기분은 성과에 큰 영향을 미친다. 개별적인 차이에 영향을 받지 않는 정리된 환경구축이 성과에 도움이 된다.

05 팀과 팀의 교류를 늘려야 한다

회사 내부의 부서와 부서, 팀과 팀의 경쟁구도를 선호하는 조직이 많다. 상호간의 자극을 통해서 조직의 성장을 이룰 수 있다고 믿는 것이다. 조직 내 경쟁구도는 보기에는 그럴 듯해 보이는 구조이지만, 현장에 적용한다고 한다면 동전의 양면과도 같은 극명한 장단점을 가지고 있는 조직전략이라고 말하고 싶다. 다행히도 건전한 압박으로 진행이 된다면 상향평준화에 도움이 되지만 불건전한 압박으로 갈 경우는 조직을 병들게 하고 조직을 망하게 하는 지름길이기 때문이다.

그런데 대부분의 조직문제는 불건전한 압박의 상황으로 인해 발생하는 경우가 많다. 얼마 전에 경험한 사건도 비슷한 사례에 들어가는데, 부서장간의 감정싸움 때문에 조직이 위험에 처한 경우다. 문제가 된 부서는 회계팀과 영업팀이었다. "팔기 위해선 써야 한다."는 영업팀장과 "필요한 돈만 써라."는 회계팀장의 서로 다른 주장 때문에 부서원들이 무척이나 힘든 시기를 보내고 있는 조직이다. 사실 이 두 가지 주장이 맞긴 맞는데 문제는 클리어하게 구분되는 경우가 많지 않기 때문에 다툼이 벌어지는 것이다. 이미지가 편한 교통비의 예를 들어보겠다.

예를 들어, 영업팀의 어느 직원이 주말에 갑자기 대리점의 요청으로 지방에 있는 현장을 방문했다고 치자. 회사규정에는 주말근무가 없기 때문에 회계팀에서는 원천적으로 주말교통비 청구를 인정하지 않고 있다. 그러나 이 친구는 주말임에도 불구하고 고객의 요청이 있어 현장을 방문한다. 영업팀장 입장에서는 정말 책임감이 강한 직원이라고 칭찬할 것이다. 그래서 교통비와 식대 전부를 청구하라고 말했다. 그러나 회계팀에서는 결재를 거부한다. '룰의 적용에 있어 예외는 없다.'가 이유다. 자, 여러분이라면 누구의 편을 들어주겠는가?

문제는 간단한 교통비의 상황이건 애매한 영업비의 상황이건 부서장끼리 통通하는 사이라면 그리 문제될 것이 없는데 통하지 않는 사이라면 문제가 복잡해진다는 것이다. 통하지 않는 사이는 사소한 문제가 발단이 되어 감정싸움으로 번지게 되는데, 일이 어렵게 되는 대부분의 이유가 감정싸움으로 비화되기 때문이다. 일단 감정싸움으로 넘어가는 순간 모든 일이 어려워진다. 그때부터는 옳고 그름의 문제를 떠나 '상대방의 태도'가 문제가 되는 것이다. 아무리 사실에 입각한 문제제기도 수용이 안 되는 상황으로 접어든다. 이유는 없다. 그냥 싫은 것이다. 때문에 무슨 일이 있어도 감정싸움으로 번지는 것은 막아야 한다.

부서갈등의 해결책을 제시하기 위해서는 그 원인에 대해 알아야한다. 조직갈등, 부서갈등이 왜 일어나는지에 대해 알아보도록 하자. 여러 가지 이유가 있겠지만, 여기서는 '내로남불'과 '편가르기'라는 주제를 가지고 접근해보겠다.

우선 '내로남불'이다. 정확한 뜻의 어원은 "내가 하면 로맨스고 남이 하면 불륜이다."는 의미이다. '아무리 부도덕하다고 사회적인 지탄을 받는 일도 내가 하면 옳은 일'이라는 뜻이다. 반대로 '정당하다고 생각하면서 추진하는 나의 일이 남의 눈에 보기에는 부도덕한 일로 보인다'는 뜻으로도 해석이 가능하다. 이런 생각의 차이를 엿볼 수 있는 재미있는 통계 하나가 있다. 원래는 내부 조직의 건전성을 바라보는 직원들의 생각을 알아보자는 취지로 '건전성확립'을 위해 설문을 해본 것인데 '내로남불'과 관련된 결과가 있어 소개한다.

깨끗한 조직을 만들기 위해 조직의 부조리를 고발하는 직원이 있다면 그 직원은 정의로운 사람일까? 조직을 곤란한 상황으로 만든 배신자일까? 라는 주제의 질문이다. 위의 결과를 보

1. 공공의 이익을 위해 자신의 조직을 고발하는 '양심고백'은 어떻게 생각하십니까?

■ 절대로 지지할 수 없다　■ 지지하기 힘들다　■ 모르겠다　■ 부분적으로 지지한다　■ 열렬히 지지한다

2. 동료가 조직의 비밀을 누설하는 것에 대해 어떻게 생각하십니까?

■ 절대로 지지할 수 없다　■ 지지하기 힘들다　■ 모르겠다　■ 부분적으로 지지한다　■ 열렬히 지지한다

자. 어느 부분이 흥미로운지 알겠는가? 1번의 결과와 2번의 결과 사이에 상당한 차이가 발생하고 있다는 사실이다. 1번을 보면 '양심고백'에 대해 지지의견이 86%에 이른다. 반면 지지반대의견은 3%에 불과하다. 그런데 2번처럼 우리 팀이 이런 상황에서 취해야 할 행동에 대해서는 상당히 이율배반적인 답변이 나온다. 양심고백 지지의견은 7%에 불과하고 지지하지 않는다는 의견이 74%에 달한다.

흥미롭지 않나? "다른 조직에서 양심고백을 하는 건 바람직하지만 우리 조직에서 이런 일이 일어나는 건 원치 않는다."는 압도적 의견이 많다. "불륜의 현장을 남이 하는 건 터뜨려 마땅하지만 내가 하는 건 지켜야 해!"의 속내를 담고 있는 듯해 보인다. 물론 보호해야 하는 이유에 대해서는 미묘한 뉘앙스의 차이가 있긴 하지만, 어찌되었건 불륜이나 부정한 행동에 대한 대처에 있어서 "나는 되지만 너는 안 돼!"라는 해석에 대해서는 일치하는 것 같다. 이렇듯 부서 간에 생기는 갈등의 대부분은 일어난 일들에 대한 '서로 다른 해석'에서 비롯되는 경우가 많다. '자기중심적 해석' 때문이다.

위에서처럼 '다른 조직은 무조건 나쁘고 우리 조직은 무조건 좋다'는 식의 내로남불의 정신은 조직을 병들게 하는 원흉이 된다. 내부에서 서로 건전한 비판과 토론이 어느 정도는 오고 가야 좋은 조직이다. 무조건 감싸 안는다는 생각은 같이 바보가 되자는 생각과 다를 바 없다. 조직 내 발생하는 거의 대부분의 문제는 이렇게 서로 바보가 되어가면서 생기는 경우가 의외로 많다.

독일 빌레펠트대학교의 군터 뒤크Gunter Dueck 교수는 『우리는 왜 집단에서 바보가 되었는가?』라는 책에서 이렇게 말한다. "집단의 천재성이나 조직의 상향평준화를 만들기 위해서는 구성원들 상호간에 건전한 경쟁의식이나 건전한 상호자극이 전제되어야 한다. 이런 분위기를 만들어 주기 위해서는 2/3이상의 구성원들이 자연스럽게 경쟁과 자극에 대한 대화를 스스럼없이 주고받으며 즐기는 조직분위기가 만들어져야 한다. 이 정도의 상황이 되면 누가 들어오든지 동료압박peer pressure에 의해 자연스럽게 조직의 분위기에 동화되어가게 되어 있다."는 말을 통해 동료압박에 의해 상향평준화를 이루자고 주장했다.

조직의 하향평준화가 두려워 자발적 퇴사를 한 젊은 친구를 소개해볼까 한다. 오래 전, 어느 기업의 면접 상황에서 있었던 일화다. 서울시가 가지고 있는 창업보육센터에 입주할 기업을 선정하는 면접의 자리에서 있었던 일이다. 유독 눈에 띄는 청년 하나가 있었다. 꿈의 기업이라는 공기업에 들어갔지만 결국 1년도 채우지 못하고 회사를 뛰쳐나와 창업의 길로 들어선 전도유망한 젊은 디자이너였다.

"남들은 꿈의 기업이라는 공기업을 왜 1년만에 때려치우고 나온 겁니까?"
"하는 일이 없어서였습니다."
"하는 일이 없다니요? 꽤 유명한 기업인데 그럼 이 기업이 하는 일도 없이 세금만 축내고 있다는 말입니까?"
"아니요! 그런 뜻이 아닙니다. 배워야 할 것도 많고 배우고 싶은 것도 많은데 그곳의 조직 분위기는 적당히만 하면 되는 분위기였기 때문에 배움에 갈증을 느낀 저에게는 너무 답답한 곳이었습니다."
"바쁘지 않아서 직장을 그만두었다는 말 같은데 너무 사치라고 생각하지는 않나요?"
"아닙니다. 회사를 그만두기로 결심한 이유는 다른 데 있습니다. 고액의 연봉을 받고도 너무 편하게 직장생활을 하는 선배들을 보면서 한심하다고 생각했는데, 어느새 저도 닮아가고 있었던 것입니다. 더 늦기 전에 저의 젊음과 열정을 태울 수 있는 일을 해보고자 합니다."

지금 생각해도 너무 멋진 친구인 것 같다. 빛나는 성공을 기대해본다.

아군과 적군의 프레임

부서갈등의 두 번째 요인은 '네편 내편'이라는 프레임이다. 일종의 편 가르기다. 네편 내편이라는 프레임이 형성되면 모든 일들의 중심에는 내가 속한 '우리팀'이 자리잡게 된다. 아무리 친한 사이라 하더라도 일단 팀이 갈리게 되면 남이 되는 것이다. 내편 위주로 모든 사고의 메커니즘이 형성되는 것이다. '내 편은 좋은 팀, 상대팀은 나쁜 팀'이라는 아군과 적군의 프레임마저 형성된다.

이런 프레임이 만들어지는 이유에 대한 고전적인 실험 하나가 있다. 1961년 미국의 무자프 세리프Muzafer Sherif 박사가 고안한 일명 로버스동굴Robber's Cave 실험인데, 참고로 세리프 교수는 프린스턴, 예일, 펜실베이니아주립대학 등 미국의 유명대학을 두루두루 거친 심리학 분야의 대가이다. 그분이 쓰신 논문 「Realistic Group Conflict Theory: The 'Robber's Cave' Study」에 근거하여 실험일지를 옮겨본다.

〈연구방법〉
연구진은 오클라호마시티의 초등학교 5학년에 있는 같은 반 학생들을 데리고 '로버스동굴'이라는 곳으로 캠핑을 간다. 캠핑장에 도착한 연구팀과 학생들은 두 개의 조로 편을 나누고 숙소도 따로따로 마련한다. 그리고 각각의 팀에게 이름을 지어준다. 한 팀은 독수리라는 이름을, 다른 팀에게는 방울뱀이라는 이름을 붙여준다. 그런데 이때부터 한 가지 희한한 일이 생기기 시작한다. 팀을 나누고 팀의 이름으로 호칭을 부르게 하는 순간, 자신들은 말할 것도 없고 상대방 팀에 있는 친구들의 호칭도 팀의 이름으로 불리더라는 것이다.

같은 반 친구들이라 그때까지는 개개인의 이름으로 불리고 있었다. 그러던 것이 이름 대신에 상대방 팀의 이름으로 호칭이 바뀐 것이다. 나와 상대를 가르는 용어도 등장한다. 'We'와 'Them'이라는 용어가 등장하더니 그 뒤부터는 줄곧 이런 호칭으로 자기팀과 상대팀을 구분하기 시작한다.

이런 분위기를 뒤로하고 연구진은 바로 실험에 돌입했다. 실험은 야구경기였다. 약간의 갈등상황을 조장하기 위해서 일부러 심판이 편파판정을 하게 준비한다. 물론 사전에 준비된 각본에 의해 어느 한 쪽 팀에 유리하게 판정을 내리도록 한 것이다. 일부러 방울뱀팀에 유리한 판정을 하게 작전을 짠 것이다. 그리고 독수리팀이 어떤 행동을 하나 관찰하기 시작한다.

〈연구결과〉

여기서 예상치 않은 일이 발생한다. 편파판정으로 게임에서 진 독수리팀이 새벽에 방울뱀팀의 숙소를 습격하는 일이 벌어진 것이다. 그러자 방울뱀팀도 복수에 나섰다. 생각보다 심각하게 서로에 대한 증오의 불씨가 빨리 생겨난 것이다. 당황한 것은 연구진이다. 원래는 5박6일 일정으로 아이들의 움직임을 천천히 관찰할 예정이었는데 생각보다 빨리 과열된 것이다. 불안함을 느낀 연구진은 서둘러서 실험을 종료했다.

그런데 독수리팀과 방울뱀팀의 이런 적대적인 행동은 이후에도 계속됐다. 캠핑을 가기 전까지는 같은 반의 친구들로서

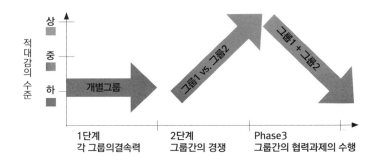

화기애애한 분위기였는데 팀을 나누고 소속감을 부여한 순간 친구가 아니라 적이 되어버린 것이다. 시간이 지나고 자연스럽게 아이들의 관계는 복원이 되었지만 이번 실험을 계기로 연구진은 여러 의미 있는 데이터를 얻게 된다. 아무리 친한 사이라도 네편 내편으로 편 가르기가 일어나는 순간 아군과 적군으로 양분이 된다는 사실이었다.

연구진은 팀의 갈등을 해소하기 위해 한 가지 아이디어를 내놓았다. 두 팀에게 같이 해결하지 않으면 안 되는 공동협력의 과제를 준 것이다. 문제를 해결하기 위해 같이 협력해야 하는 상황이 되자 비로소 양 팀의 갈등구조가 사라지기 시작했다. 위의 도표를 보면서 참고해보면 좋겠다. 최초에 갈등이 없던 구조(Phase 1)에서 운동경기와 같은 대립적인 게임을 주자 갈등이 올라갔고(Phase 2) 양쪽에게 협력의 과제를 제시하고서야 비로소 갈등구조(Phase 3)는 사라진 것이다.

팀과 팀의 반목현상과 갈등구조를 어떻게 해결할 수 있을까?

편 가르기가 만들어 놓은 환경을 어떻게 하면 좋은 방향으로 해결할 수 있을까? 부서 간 갈등을 어떤 방법으로 해소할 수 있을까? 좋은 방법들이 여러 가지 있을 수 있겠지만 제안하고 싶은 방법이 바로 위에 제시한 로버스 동굴의 실험이 제시한 솔루션이다. 인사이동을 통해 부서멤버를 섞어버리든지, 이것이 어려우면 부서를 섞어서 체육대회나 문화대회를 여러 번 개최하는 하는 것이다.

물론 가장 심플한 것은 영업1부장과 2부장이 인간적으로 가까워지는 것이다. 부서의 탑이 사이좋게 지내면 부서 직원들도 자연스럽게 가까워진다. 그러나 이게 쉽지 않다. 감정싸움으로 비화된 앙금은 오래 남는 법이다. 윗선의 중재에 의해서 화해도 하고 악수도 하고 그럴 수는 있다. 그러나 그건 어디까지나 형식적인 제스처에 불과하지 한번 멀어진 마음의 거리는 여간해서는 다시 좁히기가 어려운 것이다.

다음으로 생각해 볼 수 있는 방법이 부서 재배치다. 두 부서를 섞어서 뭔가의 행사를 하거나 부서배치를 하거나 하는 것이다. 이걸 일명 '재범주화'라고 하는데, 원래는 상대방 부서였던 사람들이 들어와서 새로운 멤버가 되고 그들이 섞인 팀이 우리 팀이 되는 재범주화 작업을 말하는 것이다. 아마 예전에 미워했던 타 부서 멤버였다는 사실은 잊은 채 같은 부서 사람으로서 자연스럽게 동료애가 다시 싹트는 효과가 생길 것이다.
부서 재배치를 통해 팀을 섞어버리는 방법이 제일 효과가 크

위기관리 215

겠지만, 인사이동이 그렇게 간단히 행할 수 있는 건 아니다. 그래서 우선 위에 소개한 제1안의 방법, 체육대회나 문화행사와 같은 모두가 같이 움직일 수 있는 행사를 만들어서 팀과 팀을 섞어서 몇 번 공동의 행사를 개최하는 것이 비교적 효과가 크다. 섞어서 새로운 팀을 만들고 그들에게 같이 수행해야 하는 과제를 안겨주는 것이다.

요약정리

1. 편을 가르는 행위는 팀이나 부서 사이에 갈등을 만들 수도 있음을 예상해야 한다.

2. 팀이나 부서 내의 갈등은 불편한 심리적 압박을 만들고 이는 강한 스트레스로 작용한다. 불필요한 갈등구조를 없애기 위해서 모두가 공동운명체라는 의식을 우선 심어주어야 한다.

Part 4

성과관리

01 관리자란 힘들지만 중요한 자리다

"위에 있던 사수가 갑자기 이직을 하는 바람에 어떨 결에 인사팀장이라는 보직을 맡고 좌충우돌하고 있는 상황입니다. 위에서 내려오는 압력과 아래서 올라오는 불평불만을 온몸으로 받아야 하는 자리라는 것을 온몸으로 체험하고 있습니다. 팀의 멤버로 있을 때는 몰랐던 것들을 너무 많이 깨우쳐 가고 있는 도중입니다." 자신을 담당자의 신분에서 갑자기 팀장으로 승격한 인사팀장이라고 말한 뒤, 여러 가지 조언을 구한다는 요청을 담고 보낸 메일이다.

관리자는 크게 두 단계로 나눌 수 있다. 최전방의 현장 직원들을 매니지먼트 하는 중간관리자의 자리와 그런 관리자들을 매니지먼트하면서 부서전체를 책임지는 고급관리자의 자리다. 중간관리자가 되었건 고급관리자가 되었건 관리자라는 자리는 외롭고 고독한 자리다. 처음 관리자의 자리에 오르면 이런 외로움과 고독에 많이 힘들 것이다. 그러나 시간이 지나면서 이 또한 익숙해져 갈 것이다.

보통, 인사에서 직원들의 평가 안을 설계할 때는 직무별로 항목을 만드는 것이 일반적 패턴이다. 예를 들면, 영업직무 생산직무 제조직무 연구직무 관리직무와 같이 직무별로 나누어야 한다. 직무별로 필요한 역량이 틀리고 하는 일이 다르니까. 그리고 직무에 필요한 역량을 고과 안으로 만들어서 평가항목화한다. 평가의 목적은 크게 두 가지다. 수행했던 결과에 대해 얼마만큼 잘 수행했는가의 결과에 대한 평가와 그 업무를 수행할 만한 역량을 얼마나 가지고 있는지에 대한 잠재능력에 대한 평가다. 전자는 실적고과의 토대가 되고 후자는 행동고과의 토대가 된다.

평가를 구성하는 요소는 직무와 함께 직급이다. 구체적으로 직위이라고 표현하는 것이 맞을 것이다. 직위는 크게 일반직원과 관리자, 임원의 3단계로 분류가 된다. 물론 더 나눌 수도 있으나 보통 이렇게 3단계로 나누는 것이 일반적이다. 직위의 분류기준은 조직이 요구하는 실행행동의 내용이다. 보통 직원은 현장의 일을 잘 수행하라는 의도를 담고 있으며, 관리자는 멤버관리에, 임원은 외부관리에 신경을 쓰라는 의도를 담고 항목설계를 한다. 이를 전문용어로 현장스킬Field Skill, 관리스킬 Managing Skill, 인맥스킬Networking Skill이라고도 표현한다.

이렇게 장황하게 평가 안의 이야기를 꺼낸 이유가 있다. 관리자를 평가하는 평가요소, 즉 조직이 관리자에게 요구하는 행동 항목의 거의 대부분은 멤버관리라는 것이다. 사람관리인 것이다. 때문에 본인의 힘에 의해 100을 내는 관리자는 최저 고과를 받고, 멤버들 개개인의 합에 의해서 100을 도출해내는 관리자는 최고 고과를 받게 고과설계를 한다.

그런데 이 사람관리가 생각만큼 쉽지가 않다. 특히나 사람들에게 싫은 소리를 못하거나 사람과 부딪히는 것을 못견뎌하는 사람들에게는 그야말로 고역이다. 내 경험으로는 이런 관리자들이 어느 조직이나 20~30%는 존재하고 있는 듯한 인상이지만, 그 어느 누구도 "제가 그런 사람입니다."는 말은 하지 않는다. 혹시나 나약해 보이거나 무능력해 보이지는 않을까 하는 걱정 때문이다.

그렇다면 이렇게 올라온 관리자의 자리는 본인들이 평소에 생각하던 그런 자리일까? 질문에 적혀 있는 말처럼 "위에서 내려오는 압력과 아래서 올라오는 불평불만을 온몸으로 받아야 하는 자리라는 것을 온몸으로 체험하고 있다."는 말이 맞을 것이다. 이런 본심을 아래서도 확인할 수 있다. 당사가 주관하는 신임관리자 교육에 참석한 팀장 126명을 대상으로 조사한 것

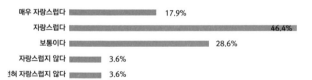

관리자가 된 것에 대한 소감은?

매우 자랑스럽다	17.9%
자랑스럽다	46.4%
보통이다	28.6%
자랑스럽지 않다	3.6%
전혀 자랑스럽지 않다	3.6%

관리자가 된 후에 느끼는 스트레스의 정도는?

매우 크다	14.3%
큰 편이다	64.3%
보통이다	17.9%
적은 편이다	3.6%

이다.

처음 팀장이 되었을 때의 기분은 매우 자랑스럽다(17.9%)와 자랑스럽다(46.4%)를 합하여 64.3%, 전체의 2/3에 달한다. 그러나 다음 질문에 대한 답변을 보자. 관리자가 된 후의 스트레스를 묻는 질문에 매우 크다(14.3%), 큰 편이다(64.3%)의 순으로 이 둘을 합하면 스트레스에 힘들다는 답변이 무려 78.6%에 이른다.

관리자에 준하는 대우만 받고 관리자의 역할은 하지 않아도 되는 그런 자리라면 참 좋을 텐데, 전부 다 가질 수 없는 것이 세상의 이치인가 보다. 참고로 나도 개인적으로는 사람관리가 영 불편한 축에 들어가는 성향이다. 그래서 항상 생각했던 것이 "사람관리는 다른 간부가 대신해주면 안 되나?" 하는 바람이었다.

나뿐만 아니라 사람 때문에 스트레스를 받는 관리자들이 의외로 많다. 엄밀히 말하면 다른 사람 신경 안 쓰고 내 할 일만 잘해도 아무런 문제가 없는데 말이다. 사람관리 하느라 신경 쓰는 것 보다 그 시간에 나의 직무에 더 매진하여 전문가의 길을 가는 것이 더 낫지 않을까?

근데 우리에게는 이게 말처럼 쉽지 않다. 나이를 먹으면 자연스럽게 관리자가 되는 게 당연하게 여겨지고 있기 때문이다. 그렇지 않으면 마치 조직에서 낙오자가 된 듯한 기분이라고 어떤 분이 말한 적이 있다. 이런 인식의 흐름은 2015년 4월 한국과 일본에서 동시에 실시한 '2014 직장인 의식조사'에서도 그대로 드러난다.

일본의 경우는 팀장인 나보다 나이가 많은 일반멤버가 있다는 비율이 63.8%인 반면에 한국의 경우는 12.3%에 불과했다. 우리의 경우, 역시 팀장은 팀원보다 나이가 많아야 한다. 이 말은 나이가 먹으면 자연스럽게 관리자가 되어야 한다는 말이기도 하다. 뒤집어서 말하면, 나보다 나이 어린 후배가 내 위로 올라가는 것 또한 받아들이기 힘들다는 말로도 해석 가능하다. 그만큼 우리는 개인적인 성향보다는 나이가 승진과 승격에 있어서 상당히 큰 기준점으로 작용하고 있음을 유추해 볼 수 있는 것이다.

그렇다면 이 문제를 어떻게 해결하는 것이 좋을까? 나는 '가족'이라는 단어를 꺼내고 싶다. 물론 금전적인 보상이나 반대급부의 제공 등과 같은 물질적인 보상책을 마련할 수도 있을 것이다. 이런 것도 필요하겠지만 가족이라는 키워드를 이용해서 정신적인 보상을 받도록 하는 것이 더 효과가 클 것이라고 제언해본다. 이유는 아래의 도표에 있다.

'일에 대한 의미부여는 어디에서 가장 크게 오는가?'라는 질문이다. '가족지지' 항목을 한번 눈여겨 봐 주기 바란다. 보는 바와 같이 20대에서 50대의 연령대가 올라갈수록 그 중요도의 비중도 '0% → 5% → 13% → 25%'로 급격히 상승한다.

아래의 도표를 보면서 드는 생각이 있다. 회사가 관리자들을

Q. 일에 대한 의미부여는 어떤 상황에서 크게 일어나는가? (연령대)

연령대	상사인정	동료칭찬	고객감사	보수급여	가족지지	총합계
20대	19%	19%	43%	19%	0%	100%
30대	31%	18%	21%	26%	5%	100%
40대	25%	20%	21%	21%	13%	100%
50대	0%	17%	42%	17%	25%	100%
총합계	24%	19%	25%	22%	10%	100%

(출처 : SGI 고객사직원 326명에 대한 설문조사로 집계가 되었으며 폼홈페이지에 게재되어 있다.)

생각하는 데 있어서 그들의 가족을 동시에 고려하는 것이 효과가 클 수도 있다는 느낌이다. 요즘은 많은 회사들이 신입직원들의 신입사원 교육종료시점에 맞추어 그들의 부모님에게 꽃다발을 선물한다. 훌륭한 아드님, 따님을 저희 회사에 보내주셔서 감사하다는 의미로 보내는 것인데,이것이 꽤나 인기가 좋다. 바로 이런 이벤트를 패러디해서 조직의 리더들에게도 적용해보는 것은 어떨까, 하는 제언이다.

관리자나 임원 승진 시에 가족들을 초청하여 재미있는 이벤트를 개최하는 것이다. 또는 그들의 가족 모두가 즐길 수 있는 식사나 공연티켓을 꽃다발과 함께 선물로 발송하는 것도 좋은 방법이다. 아무튼 목적은 가족을 대상으로 한 정서적인 터치를 시도하는 것이다. 어느 유명 학자의 말에 따르면 나이를 먹어갈수록 회사에 대한 충성지수는 내려가고 가족들을 향하는 애정지수는 올라간다고 한다. 바로 가족에 대한 애정지수 향상에 회사가 공헌하는 것이다. 그 애정지수가 자연스럽게 회사로도 이어지기를 기대하면서 말이다. 분명 효과는 있을 것이다.

중간관리자는 인체에 비유하면 허리에 해당될 정도로 조직 내에서 가장 중요한 포지션에 있다는 사실을 부정할 사람은 아무도 없을 것이다. 앞서의 팀장 승진에 대한 소감을 묻는 답변에서도 나타났듯이 그들은 팀장에 대한 자부심도 느끼지만 한편으로는 막중한 사명감에 스트레스도 비례해가는 현상을 확인할 수 있다. 여기서 한 가지 궁금증이 일어난다. '중간관리자의 행동은 조직의 매출이나 성과에 직접적인 영향을 미치는 것일까? 혹시 연구자료는 없는가?' 하는 의구심이 일었다.

여러 가지 논문을 뒤지던 터에 최근에 우리나라의 어느 소매체인을 대상으로 관리자의 의식이 조직성과에 미치는 실증적 연구를 한 데이터를 발견했다. 네델란드 트벤테대학에 있는 첼스테 빌트롬Celeste Wilderom 교수가 발표한 논문 「From manager's emotional intelligence to objective store performance: Through store cohesiveness and sales-directed employee behavior, 2015」이 그것이다.

〈연구방법〉

대한민국에 있는 전자제품 소매체인 261개 점포를 대상으로 점포에 근무하는 직원과 점포의 매출에 미치는 영향에 대해 연구해보기로 했다. 전체 응답자의 수는 1,732명이며,모든 점포는 동일한 유니폼과 동일한 근무시간, 인센티브를 포함한 동일한 근무조건을 가지고 있다.

매니저의 평균연령은 42세이며 그들은 평균 4~16명의 직원들을 관리하고 있다. 연구진은 각각의 점포에서 관리를 맡고 있는 점장의 감성지수가 그곳에서 일하는 직원들의 정신에 미치는 영향, 조직의 단결력, 매출정도에 미치는 영향을 알아보기로 했다. 참고로 각 점포는 전년대비 112%의 성과목표를 동일하게 부여받았으며 개별 인센티브의 적용방법도 모두 동일

변수	판매행동				점포매출			
	직원 결속력	모델 1	모델 2	모델 3	모델 1	모델 2	모델 3	모델 4
점장 감수성	.36***	.15*	.08		.06	.03		.03
직원 결속력			.20**	.23***			.01	.00
판매행동						.26***	.26***	.25***
점포규모	.08	.06	.04	.05	.02	.00	.00	.00
회사근무기간	-.07	.05	.06	.07	.06	.05	.05	.05
점포근무기간	-.01	-.04	-.03	-.02	-.00	.01	.01	.01
점장나이	-.15*	-.07	-.03	-.03	-.09	-.07	-.07	-.07

한 상태를 유지하고 있는 상황이다.

〈연구결과〉

점장의 감수성, 즉 공감능력은 점포의 결속력에 매우 큰 영향
을 미치는 것으로 나타났다. 매니저의 감성지수가 높으면 높을
수록 점포 직원들의 결속력도 높아갔으며 이는 내부 직원들의
판매행동에도 영향을 미쳤다. 그리고 이런 행위는 실질적으로
점포의 매출향상으로 바로 연결되는 효과를 발휘했다.

한 가지 특이한 점은 점장의 나이와 점포 직원들의 응집력 사
이에는 반비례 관계가 있음이 눈에 띄었다. 즉, 점장의 나이가
많아질수록 팀 내 결속에는 부정적인 영향을 미치게 된다는 사
실이다. 이는 아마도 세대차이가 나면 날수록 공감대 형성이
어려워서일 것이다. 아무튼 관리자란 자리는 힘들지만 정말 중
요한 자리임에는 틀림이 없다.

1. 직급이 올라가면서 역할의 정의도 달라진다. 역할이라 함은 조직이 요구하는 역량이다. 관리자에게 요구하는 역할이 무엇인지를 정확히 알아야 한다.

2. 리더에게 가장 중요한 역량은 공감하는 능력이다. 공감도 훈련이 필요하다. 최대한 멤버들과의 교감을 높여서 공감능력을 올려야 한다.

02 심리적 유대감이 성과를 만든다

친한 사람이 조직생활에 미치는 영향

코로나사태 이후 우리사회는 일하는 방식에 있어서 많은 변화가 생겼다. 그중에서도 가장 큰 변화는 출퇴근이다. 작년에는 코로나의 위기상황에 따라 유동적으로 대처하던 출근이 올해 들어서는 완전 재택으로 돌아섰다. 유동적인 출근을 건의하는 나의 제안에 많은 사람들은 이렇게 말한다. "재택으로 얻게 되는 비용적인 이득이 훨씬 많은데 굳이 출근을 고집할 필요가 있나요?"

확실히 코로나 이전과 비교해서 재택근무는 하나의 트렌드로 자리 잡아가고 있음이 분명하다. 일하는 방식의 다양한 선택지 중에서 기업들이 가장 선호하는 베스트 선택지에 들어간 것이다. 이유는 간단하다. 코로나 사태의 영향으로 어쩔 수 없이 재택을 시행하게 되었는데 업무성과에 대한 결과는 아무런 차이가 나지 않았기 때문이다.

회사로의 출근이나 집으로의 출근이나 결과만 놓고 본다면 별 차이가 없었던 것이다. 아니 오히려 집으로의 출근에서 생산성이 훨씬 높게 나온 조직도 많았다. 이런 결과를 통해서 많은 기업들은 '간접비도 많이 나오는데 구태여 회사로의 출근을 고집할 필요가 있나?'라는 생각을 갖기에 이른 것이다. 이런 의구심은 코로나와는 별도로 재택근무의 확산에 상당한 영향을 미치게 된 것이 사실이다.

그러나 나는 여기서 반론의 메시지 하나를 보내고자 한다. '재택효용 체감의 법칙'이라 부르고 싶다. '한계효용 체감의 법칙'을 패러디해서 만들어 본 용어다. '한계효용 체감의 법칙'이란, 모두가 알다시피 하나의 재화에 대한 소비를 통해서 얻어지는 만족도는 어느 수준까지는 증가하지만 일정수준에 이르렀을 때 감소하는 법칙을 일컫는 용어다. 마찬가지로 '재택효용 체감의 법칙'이란, 재택근무를 통해서 얻어지는 성과도 일정기간은 늘어나지만 어느 순간부터는 하락하게 된다는 가설을 담고 있다. 물론 모든 업종이나 직종이 전부 다 이 가설에 적용되는 건 아니다.

이렇게 생각하는 데는 나름의 이유가 있는데, '인간은 사회적 동물이다’는 지극히 단순하면서도 원초적인 이유 때문이다. 기본적으로 인간은 외로움과 고독함을 못 견뎌하는 원초적인 본능을 안고 있는 동물이다. 그러나 모순된 이야기지만, 인간은 어느 일정기간은 이런 외로움과 고독함을 즐기고 싶어 하는 욕구도 동시에 가지고 있다. 하지만 이런 고독과 외로움이 지나치게 장기화되어 갈 경우, 긍정적인 효과보다는 부정적인 효과가 더 많이 발생한다는 사실을 간과해서는 안 될 것이다.

여기서 우리는 회사로 출근하는 것들이 안고 있는 장점에 대해 생각해 볼 필요가 있다. 과연 회사로의 출근은 어떤 매력이 있을까? 당연히 위에서 제시한 외로움이나 고독감을 완화시켜 주는 이점이 생각날 것이다. 지난 번 뉴스에 보도된 내용을 보면, 재택의 와중에도 굳이 회사로 나오는 사람들의 대다수가 ‘동료들과 이야기하고 싶어서’라고 답했다고 한다. 물론 이 문장 하나만 가지고는 정확한 의미파악을 할 수 없다. 앞뒤의 어떤 내용들에 대한 설명이 빠져 있는 듯한 느낌이라 불필요한 오해를 불러일으킬 수도 있다.

저 말이 안고 있는 뜻이 무엇인지를 좀 더 정확히 알 수는 없나, 하는 고민을 하던 터에 과거 컨설팅을 했던 회사의 인사팀에서 요청 하나가 들어왔다. “코로나 와중에 교육을 전혀 못하고 있어서 아쉬움 마음입니다. 혹시 올해가 가기 전에 팀장들을 대상으로 간단한 미니강의 하나만 해주시면 감사하겠습니다.”는 내용이었다. 인원도 10여 명 정도의 소수인원이라 문제될 건 없다고 생각해서 수락을 했고 약속된 날짜에 맞추어 그 회사를 방문했다.

강의가 끝나고 참석한 직원들을 대상으로 "이곳도 재택근무가 상당히 많이 늘어난 것으로 아는데, 장단점에 대해 의견 좀 줄 수 없을까요?"라는 질문을 던져 보았다. 그들의 솔직한 본심을 알고 싶어서였다. 1시간에 걸친 의견청취의 시간은 코로나의 상황에서 새롭게 바뀐 업무방식이 우리들의 조직문화에 어떤 영향을 미치고 있는지를 어렴풋하게나마 추측해 볼 수 있는 유익한 시간이었다.

많은 의견들 중에서 재택과 관련해서는 그동안 언론이 보도한 장단점 분석이 크게 틀리지는 않았다. 가장 큰 장점은 뭐니 뭐니 해도 출퇴근 고통에서의 해방이었고, 다음으로는 자율적인 의사결정이었다. 반대로 그들이 꼽은 가장 큰 단점은 '일의 질'이었다. 이 문제를 언론에서는 소위 협업문제, 의사소통문제라는 용어로 대신해서 소개하곤 하는데 이는 궁극적으로 일의 질과 관련된 문제라고 볼 수 있다.

의사소통에 문제가 생기면 협업에 문제가 생기고, 이런 문제가 결국은 질적인 측면에서 만족스럽지 못한 결과로 이어지기 때문이다. 위에서 말한 '동료들과 이야기하고 싶어서'는 아마도 이런 측면에서 생각해봐야 하지 않을까 싶다. 물론, 정말 동료들이 그리워서 회사에 가고 싶다고 말한 사람도 없지는 않겠지만 그 수는 많지 않을 것이다.

　회사에서 일한다는 건 단순하게 일만 한다는 뜻이 절대 아니다. 같이 일하는 사람들과 상담하고 논의하고 토론하고 하는 등의 일련의 사회적 활동을 통해서 조직의 성장과 개인의 성장을 같이 달성해 간다는 것을 의미한다. 즉 같이 일하는 동료들과의 관계성에서 성과라는 것이 나온다는 의미이다. 마음이 통하는 사람들, 보고 싶은 사람들과의 협업을 통해서 성과라는 결과변수가 생겨나는 것이다.

　때문에 중요한 건, 이런 관계성이 어떻게 하면 단절되지 않고 이어지게 하느냐가 관건이다. 즉, 문제는 출근이냐 재택이냐의 수단의 문제가 아니라 사람들이 원하는 본질적 니즈가 어디에 있느냐의 문제로 이어져야 한다는 것이다. 이런 본질적 니즈가 해소되면 성과는 자연스럽게 도출될 것이다.

　관련하여 '조직 내 인간관계의 중요성'과 관련된 설문 하나를 소개해보고자 한다. 조사의 목적은 '조직 내 마음이 맞는 동료의 존재여부가 일하는 사람의 심리에 어떤 변화를 주는지'를 알고자 함이었다. '근무조건은 좋아도 삭막한 조직 VS 근무조건은 열악하지만 재미있는 조직'이라는 비교를 통해서 어느 쪽이 성과창출에 더 유리한지를 알아보기 위함이었다. 아래의 데이터는 위의 가설을 확인하기 위한 설문 중에서 '친한 사람의 존재여부'가 미치는 영향에 대한 내용만을 따로 떼어 내어 정

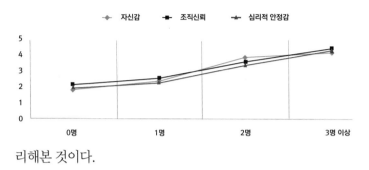

친한사람과 직무만족의 관계

◆ 자신감　■ 조직신뢰　▲ 심리적 안정감

0명　1명　2명　3명 이상

리해본 것이다.

　응답자 수는 총 132명이다. 설문결과를 토대로 '친한 사람이 있고 없고'에 따라 그들이 느끼는 업무에 대한 자신감, 조직신뢰, 심리적 안정감을 물어보았다. 친한 사람의 숫자 변화(전혀 없을 때, 1명일 때, 2명일 때, 3명 이상일 때)에 따라 각각의 영역이 어떤 영향을 받는지를 분석해보기로 한 것이다. 그 결과를 그래프로 표시하면 위와 같다.

　도표에서도 나와 있듯이 조직 내 의지할 수 있는 동료의 여부는 업무에 대한 자신감, 조직신뢰, 심리적 안정감에 긍정적인 영향을 미치고 있다. 특히 심리적인 안정감은 최근 학계는 물론 기업의 현장에서도 가장 주목받는 테마로 떠오르는 카테고리 중의 하나이다. 연구보고에 의하면 심리적인 안정감은 조직성과에 매우 큰 영향을 미치는 것으로 나타나 있다. 이는 글로벌 컨설팅기업 맥킨지가 구글의 일 잘하는 팀의 원인분석을 하던 도중에 밝혀낸 것이다. 맥킨지 보고서에 따르면, 구글의

300개가 넘는 팀들 중에서 탁월한 성과를 유지하고 있는 팀들이 가지고 있는 공통적인 특징 중의 하나가 바로 이 심리적인 안정감 지수가 매우 높다는 사실이다.

메기효과에 대한 기대

이 대목에서 참신한 아이디어 하나를 제안해보고자 한다. 내부 구성원들의 결속력강화를 위해 외부인재의 영입을 활용해보는 것은 어떨까 하는 주장이다. 캐나다 토론토대학의 아자 아그로웰Ajay Agrawal 교수가 발표한 논문「Why Stars Matter, 2014」에서 아이디어를 얻어 생각해 낸 것이다.

연구자료에 따르면 외부인재의 영입은 "그 사람 본인의 역량 발휘보다는 주변에 미치는 긍정적 영향력에 있다."고 한다. 일종의 메기효과catfish effect의 결과를 증명한 것인데, 그 내용을 한번 살펴보도록 하자.

〈연구방법〉

연구진은 1980년부터 2008년까지 29년간 255개의 진화생물학과에서 출간한 14만 9,947개의 연구논문을 조사했다. 그 결과 조직에 우수인재가 영입된 후에 창출되는 성과향상의 효과는 인재영입 그 자체보다는 다른 데서 나온다는 결론을 내렸다. 여기서 연구진이 내린 스타인재에 대한 정의는 논문의 인용 횟수에서 상위 10퍼센트 이상인 학자로 했다. 그리고 조직의 성과는 출간된 논문이 인용되는 횟수로 정의를 내렸다. 자신의 주장이 주변에 영향을 미치는 것을 학계에서는 매우 중요하게 여기고 있기 때문이다.

〈연구결과〉

255개의 진화생물학과의 한 과에서 1년 동안 발표한 인용논문의 숫자는 평균 80개인 것으로 나타났다. 여기서 우수인재가 관여된 논문을 제외한 인용논문의 숫자를 세었더니 77개였다. 즉, 생각만큼 우수인재의 논문이 큰 영향을 미치지는 않는다는 사실이 밝혀진다.

연구결과에 따르면 우수인재 영입후에 합류한 구성원들의 실력은 그 전에 합류한 구성원들에 비해 68% 우수한 것으로 나타났다. 관련 분야에서 활동하는 신규 구성원들의 경우에는 무려 434%, 비관련 분야에서 활동하는 신규 구성원들의 경우에도 48%의 높은 실력을 나타내고 있었다.

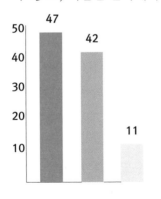

- 실력있는 신규멤버의 유인 (47)
- 기존 구성원의 자극 (42)
- 직접적 기여 (11)

우수인재 영입으로 인한 전체 효과를 100으로 보았을 때, 우수인재가 직접적으로 기여하는 성과는 111, 우수인재 영입이 관련분야에서 활동하는 기존 구성원의 성과를 자극하는 효과는 42, 실력 있는 신규 구성원을 유인하는 효과는 47인 것으로 나타났다. 이를 토대로 연구진은 "우수인재 영입으로 인한 효과는 대부분 기존 구성원과 신규 구성원을 자극하는 데 있다."라고 결론 내렸다.

이상의 연구결과를 토대로 성과를 만드는 중요한 키워드는 동료관계에 있음을 주장하고 싶다. 구체적으로 말하면 정신적인 유대감을 느낄 수 있는 동료들의 확보가 중요하다. 그런데 혼자서 일하는 업무방식의 장기화는 마음이 통하는 동료를 탐색하고 유대관계를 갖게 하는데 물리적 한계점을 안고 있다.

재택근무는 단기적일 때는 직원들의 만족감도 극대화해 갈 뿐만 아니라 나름대로의 장점이 충분히 발휘되어 긍정적인 효과를 낳을 수 있다. 하지만 장기전으로 이어질 때는 조직 내 유대감 형성에 부정적인 영향을 미칠 가능성이 높다. 시간이 지나면서 외로움, 고독 같은 정신적인 스트레스를 느끼게 만드는 '재택효용 체감의 법칙' 상황으로 넘어가게 된다. 조직에 대한 신뢰도, 업무적 자신감, 심리적 안정감이 마이너스의 상황으로 들어가게 되는 것이다.

재택근무 그 자체를 전면 부정하자는 말은 결코 아니다. 환경의 구애를 받지 않는 직종이나 업종이 엄연히 존재하기 때문이다. 또한 재택은 일하는 방식의 변화이기 때문에 필요하다면 수정 보완해서 그 취지를 충분히 살려주면 된다. 말하고자 하는 것은, 재택근무를 하면서도 내가 동료들과 이어져 있다는 소속감이나 연대감의 형성이 중요하다는 것이다. 정신적인 유대감을 느낄 수 있는 방법에 대한 보완책이 마련되어야 한다는 점을 강조하고 싶다.

요약정리

1. 재택근무를 하면서도 내가 동료들과 이어져 있다는 소속감, 연대감을 가져가게 해야 한다.

2. 외부인재 영입이나 영입시도 자체만으로도 기존 직원들의 지적 자극이나 심리적인 유대감의 강화에 큰 도움이 된다.

03 무임승차를 모른 척해서는 안 된다

사회과학용어 중에 '제노비스신드롬genovese syndrome'이라는 용어가 있다. 관여된 사람이 너무 많을 경우, 책임감에 대한 분산 현상이 발생하여 방관하게 된다는 뜻을 가지고 있다. 용어 배경은 이렇다. 1964년 미국 뉴욕의 한 아파트 단지에서 평범한 회사원이었던 키티 제노비스라는 여성이 정체불명의 한 남성에게 무자비하게 살해당하는 사건이 발생한다. 당시 뉴욕에서 일어나는 살인사건이 하루에도 수십 건에 달했다는 사실을 감안한다면 이 사건은 그렇게 큰 주목받을 일은 아니었다.

그런데 이 사건은 사건이 발생하고 얼마 안 있어 미국 전역을 발칵 뒤집어 놓는다. 이유는 살인사건을 목격한 사람들이 무려

36명이 있었음에도 불구하고 피해자가 아무런 도움을 받지 못했다는 사실 때문이었다. 당시의 사건을 대서특필한 《뉴욕타임즈》는 1면 머리기사에서 제노비스 살인사건을 이렇게 묘사했다. "한 생명이 위험에 처해서 죽어가는 상황에서도 수십 명의 목격자들은 그저 지켜보기만 했다. 내가 아닌 누군가가 도와주겠지 하는 막연한 책임회피가 충분히 살릴 수도 있었던 젊은 여성의 아까운 생명을 앗아간 것이다."

이 사건을 보도한 매스컴에서는 '서구사회의 개인주의적 문화가 제노비스 사건의 본질'이라는 말로 사건발생의 정의를 내린다. 저명한 인류문화 전문가들의 코멘트를 연이어 소개하며 '우리라는 공동체를 강조하고 있는 동양 문화권에서는 절대 있을 수 없는 일'이라고 언급하면서 동양문화의 공동체 의식에 높은 관심을 보여주기도 했다. 그런데 그들의 말처럼 정말로 동양에서는 이런 일은 상상하기 힘든 사건에 들어가는 것일까? 그렇다면 이웃나라 일본에서 일어난 다음의 사건은 어떻게 해석해야 할까?

1985년 6월18일, 일본 오사카大阪 기타구北區에서 뉴욕의 제노비스와 비슷한 사건이 발생했다. 도요타 상사의 나가노가즈오永野一男 회장이 이날 구속된다는 정보를 듣고 기자들이 현장 중계를 준비하고 있던 순간에 그가 살해당하는 사건이 발생한 것이다. 참고로 도요타상사는 자동차로 유명한 도요타그룹과는 아무런 관련이 없는 회사다. 또한 사건의 주인공인 나가노 회장은 2,000억 엔(당시 우리 돈으로는 7,500억 원)이 넘는 고객 돈을 가로챈 '다단계 금괴펀드'로 사기행각을 벌인 경제사범이다.

오후 4시, 괴한 2명이 취재준비를 하고 있던 기자들 사이를 비집고 나가노의 집 앞으로 접근한다. 괴한들은 기자들에게 "피해자들의 부탁을 받았다. 나가노 회장을 죽이러 왔다."고 말하면서 품속에서 칼을 꺼내고 태연하게 나가노 회장의 집안으로 들어갔다. 곧이어 비명이 들리고 잠시 후 문을 열고 나온 괴한은 "경찰을 불러라, 우리가 나가노 회장을 죽였다."고 소리친다. 이상이 일본을 떠들썩하게 만든 도요타상사 나가노 회장 살인사건의 전말이다.

나가노는 머리와 복부 등 13곳을 난자당했고, 즉시 병원으로 옮겨졌지만 과다출혈로 사망한다. 당시 현장에는 수십 명의 취재진이 있었지만 아무도 괴한들을 제지하지 않았다. 이 사건은 주위에 사람이 많을수록 어려움에 처한 사람을 돕지 않게 된다는 '방관자효과bystander effect'의 대표적인 사례로 MBA교과서에도 실리게 된다. 결국 방관자효과는 서양과 동양의 문화적 차이와는 전혀 상관이 없는 것으로 보아야 할 것 같다. '어느 상황에서 책임감이 발생하게 되는가?'와 같이 인간의 심리학적 관점에서 접근해야 하는 테마라고 봐야 하는 것이다.

이런 인간의 기본심리에 대해 일찍이 관심을 갖고 연구한 이가 있다. 독일의 농공업학자 링겔만이라는 사람이다. 그는 단체의 규모와 구성원 개개인의 기여도 사이에 존재하는 역학관계를 알기 쉽게 설명한 것으로 유명하다. 단체에 참여하는 사람이 늘어날수록 단체는 점차 비효율적으로 변해간다는 사실을 밝힌 것이다. 여기서 유래가 되어 '링겔만효과ringelmann effect'라는 이름이 나왔고, 아래는 그가 제시한 실험모형이다.

〈연구방법〉

링겔만이 28명의 개인을 모집해서 줄다리기의 협동력을 측정해보았다. 실험의 목적은 혼자하는 것보다 여러 사람이 힘을 합쳤을 때 어떤 결과가 나오는지를 보기 위함이었다. 만약 힘이 10인 사람 두 명이 같이 줄다리기를 하면 20의 힘이 나오는지, 아니면 그보다 작은 힘이 나오는지를 측정하는 것이 본래의 목적이었다고 한다.

〈연구결과〉

한 사람의 힘을 1이라고 가정했을 때, 줄다리기를 하는 인원이 늘어날수록 개인이 쓰는 힘은 줄어드는 것으로 나타났다. 2명이 할 때는 혼자 할 때보다 93%의 힘만 쓰고, 3명이 할 때는 85%, 4명일 때는 77%의 힘만 사용했다. 그러다가 8명이 되면 원래 쓰던 힘의 절반도 채 쓰지 않는다는 사실을 알게 된다. 1의 힘을 가진 사람 8명이 줄다리기를 하면 최소 8, 혹은 그 이상의 힘이 나올 것이라고 가정했지만 실제로는 3.92만이 나온 것이다. 시너지가 나온 것이 아니라 마이너스가 되는 현상이 발생한 것이다.

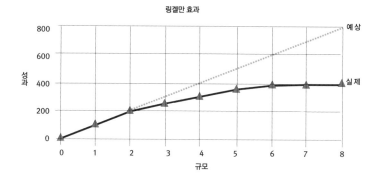

이제 이것을 조직의 상황으로 가져가 보도록 하자.

'Everybody's Job is Nobody's Job'이라는 말을 들어보았을 것이다. 책임감 분산효과를 말할 때 가장 많이 쓰는 말이다. "이것은 네 일이야."라는 의식을 콕 집어서 심어주지 않으면 별로 관심을 갖지 않는다는 뜻을 가지고 있는데, 일명 '사회적 태만social loafing' 현상이라고 부르기도 한다.

HR컨설팅펌의 대표로 있던 시절의 일화이다. 아마도 2010년 정도에 있었던 일로 기억되는데, 그때 당시 인사에서 이슈가 되었던 것 중의 하나가 재택근무제도였다. 지금은 코로나의 영향으로 대중화되어 별 거부감 없이 많은 기업들이 도입해서 쓰고 있는 제도이지만, 당시에는 도입하는 기업이 거의 없었던 시절이라 큰 이슈가 되기도 했고 인사의 주요 연구대상이 되기도 했다.

미래에는 노동환경의 변화로 시공간의 효율화를 위해 지역거점근무satellite office나 재택근무telecommuting가 활성화될 것이라는 생각이 당시에 있었고, 이 테마에 대한 연구에 적극적인 자세를 취했던 기억이 난다. HR컨설팅회사이기 때문에 우리가 먼저 적극적으로 시도해보고 고객에게 필요한 정보를 주어야겠다는 생각으로 나는 자사 도입을 추진하기로 했다.

당시는 포스코와 같은 일부 대기업들이 위성사무실이라 불리는 지역거점근무를 일부 시행하고 있었지만 재택근무까지는 가지 못한 시절이었다. 30여 명 정도 되는 소수인원의 회사였지만 과감하게 1분기에 해당하는 3개월을 재택근무로 돌려보았다. 결과는 어떠했을까?

당시 우리가 컨설팅을 진행하고 있던 고객이 3개 정도 있었는데, 3개사 모두 대형 클레임이 나오기 일보직전의 아슬아슬한 상황에서 위기를 모면하는 경험을 하게 된다. 고객에게 납품하는 프로젝트 결과물들에 큰 하자가 있다는 사실을 최종 납품일을 얼마 남겨두지 않은 상태에서 알게 된 것이다. A고객의 결과물에는 조사대상의 부서 하나가 빠져 있고, B고객의 결과물에는 통계수치가 잘못 표시되어 있고, 심지어 C고객의 결과물에는 과제 하나가 통으로 누락되어 있는 등의 심각한 오류가 고객사에게 보고하기 직전에 발견된 것이다.

다행히 납품 전에 이런 실수들이 발견되어 밤낮으로 작업해서 납품일에는 무사히 맞출 수 있었다. 고객사 보고회의 자리가 끝나자마자 나는 왜 이런 일이 발생했는지에 대한 원인분석에 들어갔다. 이런 어처구니없는 실수가 어떻게 발생했는지에 대한 조사는 이루어져야 한다고 생각한 것이다. 관련자들의 개별인터뷰와 집단토론, 상호 대질심문 등을 거쳐 왜 이런 일이 생기게 되었는지를 파악해 낼 수 있었다. 원인은 간단했다. 바로 사회적 태만 때문이었다.

같은 공간에서 생활하는 사무실에서는 따로 회의시간을 갖지 않아도 궁금하거나 의문점이 발견되면 그 자리에서 바로바로 확인 작업을 할 수 있다. 그러나 재택의 상황에서는 정말 중요한 안건이 아닌 이상은 상대방에게 연락해서 확인하는 작업이 쉽게 이루어지지 않는다. 지금이야 ZOOM과 같은 초간단 커뮤니케이션 툴이 있지만 그 당시의 대화는 대부분 직접통화에 의존해야 했기 때문이다.

그러나 보니 서로 간에 처리하기로 한 과업에 있어서 정확한 일정이나 과업의 범위지정에 혼선이 있었던 것이다. '암묵적 동의'라는 말이 있다. 구체적이 아닌 대략적인 방향으로 모두가 암묵적 동의를 하는 실수를 범하기 시작한 것이다. 커뮤니케이션이 원활하게 이루어지지 못하다 보니 정확한 영역구분의 설정에 실패한 것이다. 사후 조사과정에서 가장 많이 언급된 문장이 "내 일인 줄 몰랐다."는 말이었다.

자칫 대형사건으로 번질 뻔한 실수들을 마무리하고 재택근무의 연장 없이 모두가 다 회사로 출근하게 되었다. 3개월이라는 한시적 제도였던 탓도 있었지만 재발방지를 위한 예방책 마련이 생각보다 쉽지 않았기 때문이다. 무엇보다도 '재택'이라는 것이 목적이었기에, 당시의 사회적 분위기상 '필수'가 아닌 '선택'이라는 환경도 보완책 마련보다는 회사로 출근하는 것을 지시하게 만든 요인이 되었을 것이다.

무임승차의 원인과 예방책

지금까지의 상황은 건전한 조직에서 있을 수 있는 실수라는 관점에서 사회적 태만의 원인을 분석해본 것이다. 하지만 현실에서는 모두가 이런 건전성을 갖고 있지는 않다. 사람에 따라서는 '나하나 쯤이야' 하는 생각으로 조직의 일에는 관심이 없고 개인적인 관심사에 업무시간을 소비하는 이들이 적지가 않기 때문이다. 사람들이 느끼는 불만은 대개가 여기서 비롯된다. "나는 열심히 일해서 이만큼의 대우와 보상을 받고 있는데, 저 친구는 저런 식으로 일하는 데도 나와 똑 같아."라는 생각에서 불만이 나오는 것이다.

문제는 이런 친구들을 어떻게 하면 조직 안으로 들어오게 하느냐에 있다. 혹시라도 그것이 불가능하다면 어떻게 처리하면 좋을지에 대한 문제가 오히려 더 중요한 과제로 여기는 기업도 적지 않다. 집단은 전염성이 강한 특징을 가지고 있다. 다시 말해서 혹시라도 사회적 태만을 일삼고 있는 직원을 그냥 모른 척하고 방치할 경우, 이런 분위기가 조직전체에 퍼질 가능성이 높다는 의미다. 그냥 내버려 둘 경우에는 건전하고 성실한 직원들조차도 이를 따라하는 전염병에 걸릴지도 모른다는 것이다.

아무런 공헌 없이 동료들이 만들어 놓은 성과를 공유하려는 사람들, 열심히 노를 젓는 동료들의 옆자리에 앉아 그냥 '무임 승차'하려는 사람들, 이런 사람들을 내버려 둔다는 것은 '썩은 사과'를 그냥 내버려두는 것과 다를 바 없다. 사과의 썩은 부위를 그냥 내버려두면 어떤 결과가 생기는지는 모두가 알 것이다. 사과 전체가 병이 들어 어느 부위도 먹을 수 없게 된다. 심지어 사과상자 안에 든 다른 싱싱한 사과도 같이 썩어 간다. 이런 결과가 예상이 되는데도 그냥 내버려 둘 것인가?

예방책을 논하기 전에 우선 무임승차가 일어나는 이유에 대한 정확한 분석이 필요할 듯하여 관련 자료가 없나 하고 구글 검색을 해보았다. 마침, 무임승차가 미치는 영향과 예방책에 대한 연구 논문 하나를 발견하게 되었다. 스페인 바르셀로나 자치대학의 빈센트 페냐로하Vicente Penarroja 교수가 무임승차가 발생했을 때 사람들에게 미치는 영향과 정도에 대해 연구한 것이다. 다음은 그가 발표한 논문 「Reducing perceived social loafing in virtual teams: The effect of team feedback with guided reflexivity, 2017」에 담긴 내용이다.

〈연구방법〉
총 212명의 학부생들이 연구에 참여했다. 평균나이는 23.91

세이며 4인1조로 54개의 팀이 완성이 되었고, 이중 무작위로 28개의 실험집단과 26개의 통제집단을 구성하였다. 실험은 일정한 간격을 갖고 3주간 연속적으로 진행되었으며, 매 라운딩이 끝날 때마다 실험집단(A)은 피드백과 자기반성의 시간을 갖게 하였으나 통제집단(B)은 이런 시간을 생략하였다.

〈연구결과〉

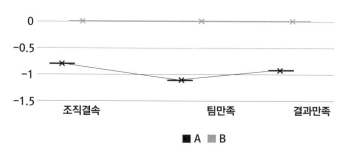

무임승차가 조직에 미치는 영향

A B

위에 있는 파란색 선은 무임승차가 없는 집단을 의미한다. 그들을 기준으로 아래의 파란 선이 무임승차가 있는 멤버를 둔 집단이다. 붉은 선을 기준으로 파란 선인 무임승차가 일어난 실험집단의 수치를 대조해보도록 하자. 조직결속력(-0.75), 팀만족(-1.12), 결과만족(-0.85) 모든 면에서 하락을 보이고 있음을 알 수 있다. 어느 정도의 하락을 보이는지에 대한 구체적 수치는 중요치 않아 보인다. 무임승차가 발생하고 그 팀 안에서 의욕 저하가 뚜렷이 발생하고 있다는 사실이 중요하다.

연구진은 작업에 임하는 실험자들의 행동을 보면서 무임승

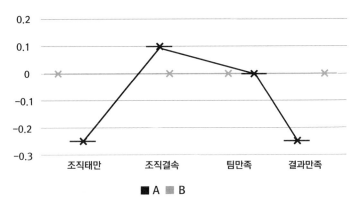

피드백 자기반성이 조직에 미치는 영향

차를 일으키는 사람들에게 크게 두 가지 공통점이 있다는 사실을 알게 되었다. 첫째, 집단의 목표를 달성하는 데 자신의 기여도가 중요하다는 생각이 작을수록 무임승차현상이 발생했다. 둘째, 그 과제의 수행으로부터 오는 결과물이나 보상이 개인에게 중요하지 않다고 지각될수록 무임승차가 일어났다.

이 말을 뒤집어서 말하면, 개인이 노력을 기울이는 동기는 두 가지 요인에 의해 결정된다는 의미이기도 하다. 첫째, 목표 달성에 자신의 기여도가 중요하다는 기대가 있어야 한다. 둘째, 그 목표가 가지고 있는 가치에 대해 어느 정도의 인식을 가지고 있느냐는 것이다. 즉 집단이 목표를 달성하는 데 자신의 기여도가 중요하다는 생각이 낮을수록 사회적 태만이 생긴다는 것이다. 또한 그 과제의 수행으로부터 오는 결과물이 본인과는 그리 큰 상관이 없다는 생각이 올라갈수록 역시 같은 현상이 발생한다는 의미다.

무임승차를 방지하기 위해서 연구진이 제안한 해결책은 두 가지다.

첫째, 과제 수행이 끝난 후에 스스로를 돌아보는 시간을 갖게 한다. 둘째, 동료들로부터 결과 및 과정에 대한 피드백을 받게 한다. 실제로 이 두개의 실행과제를 실험집단에 삽입하여 연구를 진행한 결과 위의 표에서 보는 것처럼 모든 영역에서 긍정적인 결과가 나오게 되는 것을 확인할 수 있었다. 파란 선, 즉 무임승차 그룹의 조직태만(-0.25)은 줄어들고, 조직결속(+0.1)은 향상되고, 팀 만족은 정상으로 돌아오는 현상을 보인 것이다. 마지막 결과만족(-0.25)이 낮은 이유는 더 잘할 수 있었는데 그렇지 않았다는 후회 때문이라고 한다.

무임승차는 정신자세의 문제이기 때문에 위와 같은 예방책을 실시한다고 해서 바로 개선될 것이라고 생각하지는 않는다. 다만, 주위로부터 나와 멤버간의 행동에 대한 피드백이 지속적으로 이루어질 수 있는 구조를 만들어 둔다면, 팀 내 무임승차에 대한 비판적인 여론을 만들 수 있다. 조직 내에 이런 공감대가 형성되면 동료 상호간의 건전한 압박이 이루어진다. 이는 조직의 무임승차를 예방하는 데 꽤나 효과적이다.

1. 집단의 성과에 자신의 기여 수준이 중요하다는 생각을 심어주어야 한다.

2. 목표를 설정함에 있어서 언제 어디까지 누구의 일인지가 구체적으로 설정되어야 한다.

3. 중간 중간에 멤버상호간에 조직공헌도 평가가 이루어져야 한다. 이를 통해서 약간 긴장하는 분위기와 함께 차등적 보상의 근거를 만들어야 한다.

4. 커뮤니케이션이다. 이상의 항목 중에 가장 중요한 대목이다. 주기적인 소통의 시간을 만들어서 목표에 대한 이미지에 갭gap이 생기지 않도록 노력해야 한다.

04 업무집중을 높이는 실증적 아이디어

나는 가끔 문명의 이기利器로부터 자유로운 모습을 하고 있는 나를 상상해 보곤 한다. TV나 노트북, 스마트폰 등과 같이 일상적인 생활에서 도저히 배제할 수 없는 그런 전자기기들로부터 해방을 꿈꿔보는 것이다. 전혀 불가능한 것도 아니다. 그러나 딱 한 가지가 마음에 걸린다. 바로 스마트폰이다. 과연 요즘 같은 정보화의 세상에 스마트폰이 없는 일상이 가능할까? 하는 생각이 들 정도로 이 녀석은 우리들의 삶에 너무 깊숙하게 들어와 있다. 집에서도, 회사에서도, 거리에서도, 한시라도 스마트폰이 없으면 뭔가 허전한 느낌이 들어 견딜 수 없다. 오죽했으면 현대인을 스마트폰 중독의 '포노 사피엔스phono sapiens'라고 이름을 붙였을까?

스마트폰은 선생에게도 공포의 대상이고 학생에게도 공포의 대상이라는 말이 있다. 이유는 이렇다. 선생의 경우 학생들에게 자신의 존재감이 빛을 발하게 하고 싶은 기본적인 욕구가 있다. 이런 욕구가 달성되기 위해서는 관련한 학과목은 말할 것도 없고 관련된 분야에 대한 지식도 해박하게 가지고 있어야 한다. 예전 같으면 설령 100% 확실한 지식이 아닐지라도 약간의 뼈대만 알고 있으면 거기에 살을 붙여서 마치 그것이 사실인양 학생들을 상대로 정보전달이 가능했다.

그러나 지금은 확실한 팩트를 기반으로 한 정보가 아닌 이상은 섣불리 정보전달을 할 수 없다. 말하는 순간 학생들이 바로 검색에 들어가기 때문이다. 혹시나 선생이 말한 내용에 상당한 오류가 있을 경우, "선생님 방금 말씀하신 거 완전히 사실과 다른데요."라는 지적이 바로 나온다. 선생의 입장에서는 체면도 구기고 창피하기도 해서 이어지는 수업시간 내내 집중이 되지 않는다. 자꾸 말은 헛나오고 왠지 모르게 횡설수설하는 듯한 기분도 들고, 그렇게 힘든 시간을 보내고 수업종료 종이 울리고 나서야 겨우 안정이 된다. 이런 상황을 한 번 경험하고 나면 수업시간이 즐겁지 않다. 말하는 데 상당히 신경이 쓰이기 때문이다. 그래서 선생의 적은 스마트폰인 것이다.

학생의 경우는 스마트폰 때문에 학업능력이 떨어지고 공부에 방해가 되기 때문에 적이라는 표현을 써보았다. 실험에 의하면 스마트폰 게임을 하루 1시간씩 즐기는 아이와 하루 3시간씩 즐기는 아이, 아예 게임을 안 하는 아이의 집중력에 있어서 현격한 차이가 있다고 한다. 당연히 게임을 하지 않는 아이의 집중력이 가장 높고 게임을 많이 하면 할수록 집중력이 떨어진다는 것이다. 이유는 후두엽 때문이라고 하는데, 게임을 하면 할수록 즉각적인 반응을 담당하는 후두엽이 발달하고 생각이나 정보처리를 담당하는 전두엽이 퇴화된다는 것이다. 전두엽의 퇴화는 공감 사고능력을 약화시켜서 학습능력을 크게 저하시키는 원인이 된다. 이유는 다르지만, 선생이나 학생이나 그들에게 있어서 스마트폰은 공공의 적임에는 틀림이 없다.

그렇다면 직장인의 경우는 어떨까? 우선 스마트폰의 사용내역에 대해 살펴보고 그것들이 직장인들에게는 어떤 영향을 미치고 있는지 이야기해보고자 한다. 아래의 도표는 20~30대 직

직장인의 스마트폰 어플리케이션 이용 동기

(사례수: 222명%)	1) 정보 획득	2) 사회적 관계	3) 오락	4) 유행 및 과시	5) 실시간 정보 활용	6) 습관성	7) 이용 편리성	8) 해당 없음
인스턴트 메신저	17.1	70.7	8.6	2.7	23	44.1	36.9	3.6
인터넷검색	78.7	8.1	16.7	6.3	68	43.2	39.2	0
음악감상	1.4	2.7	51.4	5	8.1	36	27	14
게임	0	2.7	69.8	3.6	5.4	25.2	10.4	19.4
SNS	27.5	53.6	8.6	13.1	23.4	36	19.4	17.1
쇼핑	26.1	2.3	8.6	15.3	18	21.6	36	21.2

출처 : 강영운 "직무스트레스가 스마트폰 이용행태에 미치는 영향, 2016

장인들을 대상으로 '직장내 스마트폰 사용실태'를 조사한 연구자료다. 참고로 우리나라 직장인들의 평균 스마트폰 사용시간은 6.5시간이고, 주로 사용하는 장소로는 남성의 경우는 직장, 여성의 경우는 출퇴근의 시간이라고 한다.

　본 연구에서도 암시하고 있듯이 각각의 어플리케이션을 다루는 행동들의 목적 1순위는 각 목적에 부합하는 '동기'에 있다. SNS나 메신저를 다루는 행동목적의 1순위는 '사회적 관계형성'에 있고, 인터넷검색은 '정보획득', 음악감상과 게임은 '오락', 쇼핑은 '정보획득'에 있는 것이다. 여기서 중요한 대목은 다음으로 이어지는 행동목적의 2순위이다. 모든 어플리케이션의 목적 2순위가 '습관성'으로 통일되어 있기 때문이다. 그냥 습관적으로 스마트폰을 다루고 있다는 말이다. 이 말은 회의나 미팅의 상황에서 그 상황에 부합하는 어플리케이션을 사용하고 있던지, 아니면 습관적으로 스마트폰을 만지고 있던지 둘 중의 하나라는 것이다.

　그런데 이 대목에서 우리가 곰곰이 생각해 봐야 할 것이 있다. 사전에 예정된 회의나 미팅의 경우에 관련 자료는 전부 준비되어 있는 경우가 대부분이다. 때문에 따로 스마트폰을 보조도구로 이용하는 경우는 그리 많지 않다는 점이다. 따라서 업무미팅에서 스마트폰을 만지작거리는 행동들의 거의 대부분은 미팅의 주제와는 상관없는 '딴짓거리'로 규정지을 수 있다는 결론이 내려진다.

　하지만 아무리 좋은 물건이라도 지나치면 탈이 나기 마련이다. 지나친 스마트폰 사용 때문에 생긴 중독의 폐해는 충분히 인지하고 있을 것이라고 생각하여 여기서는 생략하겠다. 다만 최근에 직장에서 대두되고 있는 '집중력방해'나 '업무방해'의 몇 가지 케이스를 통해 스마트폰 사용과 관련한 조직문화 개선의 포인트를 몇 가지 제안해보고자 한다. 매너 없는 스마트폰 사용으로 인해 발생하는 산만한 회의분위기와 그로 인해 생기는 동료들 간의 트러블 등이 조직 내 신뢰도 구축에 좋지 않은 영향을 미치고 있기 때문이다.

그 전에 스마트폰에 대해 직장인들은 어떤 생각을 가지고 있는지가 궁금했다. 마침 100여 명 정도 되는 아담한 규모의 중소기업에서 강연의뢰가 들어왔다. '조직신뢰'라는 제목으로 강연해달라는 것이었다. 강연이 끝나고 자리에 앉아 있는 사람들을 대상으로 설문을 해보기로 했다. 크게 두 가지 질문을 던져보았다. 첫째는 스마트폰이 업무수행에 미치는 영향에 대한 생각이었고, 둘째는 동료가 스마트폰을 가지고 회의나 미팅에 참석하는 것에 대해 어떻게 생각하는지에 대한 질문이었다. 응답자는 총 98명으로 팀장 21명, 팀원 77명이었다.

Q1. 일상적인 업무 수행에 있어서 스마트폰이 미치는 영향은 어느 쪽에 가깝나요?

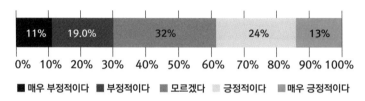

성과관리   255

스마트폰이 미치는 영향에 대한 긍정적 답변은 37%, 부정적 답변은 30%로 부정보다는 긍정의 답변이 더 많았다. 여기에 더해 서술식으로 긍정적인 점과 부정적인 점을 적게 하였는데, 아래는 기입된 내용 중에서 공통적으로 가장 많이 나온 것들을 3개씩만 추려본 것이다.

〈긍정적인 면〉

1. 일정관리가 쉽고 편하다.
2. 필요한 정보를 빨리 얻을 수 있다.
3. 사람들과의 소통에 큰 도움이 된다.

〈부정적인 면〉

1. 업무미팅에 큰 방해가 된다.
2. 사생활 보호에 장애요소가 된다.
3. 동료들과의 진솔한 관계형성을 방해한다.

서두에서도 말했듯이 스마트폰과 업무미팅과는 아무 관계가 없다. 그냥 습관적으로 가지고 참석하는 것이다. 아래의 도표

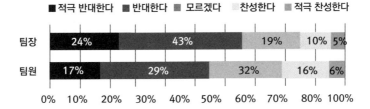

Q2. 스마트폰을 가지고 업무 미팅에 참여하는 것을 어떻게 생각하나요?

를 보자. "스마트폰을 가지고 업무미팅에 참석하는 것을 어떻게 생각하느냐?"는 질문에, 팀장의 경우 찬성 15%, 반대 67%로 반대의견이 4배나 더 많다. 이런 기류는 팀원들도 마찬가지다. 찬성 22%, 반대 46%로 반대의견이 2배 더 많다. 반대하는 이유에 대해서는 거의 모두가 '미팅 내용의 집중에 방해가 되기 때문'이라고 응답했다는 점에 주목할 필요가 있다.

나는 현장에서 많은 관리자들로부터 '미팅 안건에 집중하지 못하고 스마트폰이나 노트북에 코 빠뜨리고 있는 팀원들 보면 화가 나서 미칠 것 같다'는 하소연을 심심치 않게 듣는다. 이런 고민은 그들만 가지고 있는 건 아니다. 나처럼 강의를 주업으로 하는 사람들 또한 항상 안고 사는 고민 중의 하나이다. 열심히 강연하고 있는데 바로 코앞에서 내용과는 전혀 상관없는 인터넷 서핑에 몰두하고 있는 사람들, 끝도 없이 누군가와 문자메시지를 주고받는 사람들은 강사의 집중도를 크게 떨어뜨린다.

폰의 금지가 만든 작은 기적

그렇다면 휴대폰이나 전자기기는 정말로 업무 집중에 방해가 되는 것일까? 여기 이를 입증한 실험 하나가 있다. 영국 에섹스대학의 앤드루 프르지빌스키Andrew Przybylski 교수는 논문 「Can you connect with me now? How the presence of mobile communication technology influences face-to-face conversation quality, 2012」에서 "휴대폰을 단지 옆에 두는 것만으로도 대화

의 질이 떨어지고 서로에 대한 친근감과 신뢰감이 떨어진다."
고 말했다.

〈연구방법 1〉

Step 1- 연구진은 74명의 참가자들을 모아서 무작위로 두 명
씩 짝을 이루게 했다.

Step 2- 휴대폰을 옆에 둔 상황과 휴대폰 대신 수첩을 둔 상
황에서 지난달에 자신에게 일어난 흥미로운 일에 관해 10분 동
안 이야기를 나누게 한다.

Step 3- 대화가 끝난 후, 참가자들에게 서로 간에 느꼈던 관
계의 질을 평가하도록 했다.

〈연구결과 1〉

휴대전화가 놓인 조건의 참가자들은 수첩이 놓인 조건의 참
가자들에 비해 관계의 질을 낮게 평가했다. 상대방에게 느끼는
친근감 역시 마찬가지다. 휴대전화가 서로의 시선을 직접적으
로 방해하지는 않는다. 그렇다 하더라도 휴대전화가 놓여 있다
는 사실을 인지하는 것만으로도 서로 간의 관계형성이 어렵게
된다는 것이다. 이유는 '참가한 사람들의 신경이 휴대전화로
인해 무의식적으로 분산되었기 때문'이라고 한다.

〈연구방법 2〉

그렇다면 가벼운 소재가 아니라 의미 있고 진지한 주제를 놓

고 대화를 나눌 때 휴대전화의 존재는 어떤 영향을 미칠까? 연구진은 추가 실험을 진행했다.

　Step 1- 참가자들을 절반으로 나누어 A와 B, 2개의 그룹으로 편성했다.

　Step 2- A그룹에게는 회의실 안에 소품으로 놓여 있는 크리스마스트리에 대한 느낌과 생각을 가볍게 얘기할 것을 주문했다. B그룹에게는 작년에 경험한 가장 의미 있는 사건에 대해 진지한 대화를 나눌 것을 요청했다. 그리고 10분 동안 서로 대화하게 했다.

　Step 3- 대화가 끝나고 대화 상대에 대한 신뢰도를 묻는 질문항목에 체크하게 했다. 여기에 더해 "상대방이 나의 생각과 느낌을 얼마나 정확하게 이해한다고 생각하는가?"란 질문을 이용하여 공감의 수준도 측정하게 했다.

〈연구결과 2〉

　가벼운 주제로 얘기한 참가자들은 휴대전화가 있든 없든 신뢰와 공감의 수준이 비슷하게 나타났다. 하지만 진지한 주제로 대화를 나눈 참가자들은 휴대전화가 있을 때보다 휴대전화가 없을 때, 서로 간에 느끼는 신뢰감이나 공감의 정도 그리고 관계의 질 등에 매우 높은 점수를 주었다고 한다. 깊이 있는 주제로 대화를 나누는 자리에서는 휴대전화의 존재여부가 어느 정도 영향을 미치는 것으로 판명이 난 것이다.

　그렇다면 왜? 휴대전화가 단순히 옆에 있다는 것을 인지하는 것만으로도 대화의 질이나 상대방에 대한 신뢰도가 떨어지는 것일까? 그 이유에 대해 프리지빌스키 교수는 "휴대전화의 존재여부는 대화를 방해하는 제3자가 언제든지 끼어들 수 있다는 것을 무의식적으로 느끼게 만들며, 이런 느낌은 자신과 대화를 나누는 사람들에게도 그대로 전이되기 때문"이라고 말했다.

위의 연구결과가 아니더라도 스마트폰이 지금 마주하고 있는 사람과의 관계형성에 도움이 된다고 생각하는 사람들은 거의 없을 것이다. 이유는 대화를 나누고 있어도 언제 걸려올지 모르는 스마트폰에 신경이 가 있다면 미팅의 질이 현격하게 떨어지기 때문이다. 심지어 말하고 있는데 그 앞에서 스마트폰을 만지작거리고 있다면 이 또한 상대방에게는 엄청난 실례일 것이다. 상식적인 수준에서 생각해 봐도 스마트폰이 커뮤니케이션의 질이나 신뢰감 집중도에 미치는 영향은 부정적이면 부정적이었지 결코 긍정의 효과를 보일 수는 없다.

내가 아는 어떤 회사는 3개의 회의실 중에서 1개의 회의실은 폰프리존phone-free zone으로 설정하여 스마트폰의 소지를 금지시키고 있다. 원래는 보안상의 이유로 이 제도를 실시했는데 효과는 다른 영역에서 나타났다고 한다. 회의에 대한 집중도나 토론의 질이 예전보다 훨씬 높아졌다는 것이다. 멤버들도 다른 회의실보다 폰 금지의 방에 들어오는 것을 더 선호한다고 한다. 이 현상을 '예상치 않은 작은 기적'이라고 그곳의 사람들은 부른다고 한다.

그런 점에서, 회의실 중에 일부는 폰 사용을 금지하는 제도의 운영을 적극 권장하고 싶다. 그 방에 들어갈 때는 폰을 소지하지 못하게 하는 것이다. 회의 안건에 대한 집중력이 확연하게 올라가는 효과를 경험하게 될 것이다.

요약정리

1. 휴대전화의 존재여부는 대화를 방해하는 제3자가 언제든지 끼어들 수 있다는 것을 무의식적으로 느끼게 만든다. 그리고 이런 느낌은 자신과 대화를 나누는 사람들에게도 그대로 전이된다.

2. 특정한 시간, 특정한 장소에서는 'Phone-Free Rule'을 적용해보자. 회의의 질이 올라갈 것이다.

05 약속의 무게감은 생각보다 크다

주변 분들에게 보내는 칼럼의 답장에 어느 분의 하소연이 첨부되어 돌아왔다. 최근 들어 실적이 안 좋아서 몇 가지 복리후생을 없애겠다고 선언을 했더니 사표를 내는 직원들이 발생하더라는 것이다. 소수의 인원이 사라진다고 회사가 큰 영향을 받는 건 아니지만 서운한 마음이 들어 요사이 일을 볼 수 없다고 말한다. 불과 2, 3년 전에만 해도 인센티브도 지급하고 가족여행을 위한 경비도 지원하고 그랬는데, 회사가 어려워지니 퇴사자가 발생한다는 사실에 배신감도 생긴다는 것이다.

사람의 심리라는 것이 참 희한하다. 주는 것은 기억하면서 받은 것은 잊어버리는 것이 사람이다. 주변으로부터 받았던 도움은 별로 기억하지 못하면서 혹시나 받은 소소한 서운함은 절대 잊지 못하고 오랜 기간 간직하고 있는 것도 같은 이치이다. 그래서 '베푼 은혜는 잊어버리고 받은 것은 바위에 새기라'는 말이 나온 듯하다. 경영의 현장에서도 새겨들을 가치가 있는 말이라고 생각한다.

실제로 어느 기업에서 있었던 일이다. 공연문화와 관련된 비즈니스로 어느 정도 이름이 알려진 우리엔터(가명)는 K-POP과 한류의 바람 덕분에 창사 이래 시장에서의 인지도도 끌어올리고 회사의 규모도 키워 나가면서 꾸준한 상승세를 이어갔다.

한 가지 단점이라면, 이곳 대표의 성격이 감정의 기복이 약간 심하다는 것이었다. 직원들의 평가나 보상에 있어서 어떤 기준에 의해 처리하기 보다는 그때그때의 기분에 따라서 처리하는 경우가 많아서 내부관리를 담당하는 임원이 곤란한 상황에 처할 때가 한두 번이 아니었다. 나를 찾은 담당임원이 최근에 겪고 있는 어려움에 대해 토로하는데, 문제의 발단도 역시 기분과 대표의 성격 때문에 일어난 것이었다.

5년 전의 일이었다고 한다. 회사가 설립되고 마침 한류바람이 불면서 회사는 급성장했다고 한다. 그러면서 직원들에게 성과급을 지급하게 되었는데, 지급방법이나 금액 이런 모든 것들이 어떤 기준이나 근거보다는 대표의 기분으로 결정된 모양이다. 직급에 맞추어 1인당 거의 1천만 원에 가까운 금액이 성과급으로 지급되었고 거기에 더해 추가로 백만 원이라는 금액이 '대표이사 금일봉'이라는 이름으로 지급되었다고 한다. 그리고 내년에도 이런 성과급과 금일봉이 있을 것이라고 대표가 공언을 했다고 한다.

당시에는 회사도 잘 나가고 내부 분위기도 한껏 고무된 시절이었다. 때문에 지급기준이나 근거 뭐 이런 거에 크게 신경 쓰는 사람도 없었고 관심도 없었다고 한다. 자신들의 일한 가치에 상응하는 대가를 수령한 직원들도 기분이 좋았지만, 기대를 넘는 보너스를 지급한 대표의 기분은 더욱 더 좋았을 것이다.

그런데, 상황이라는 게 좋을 때는 아무 문제가 없지만 꼬이게 되면 전혀 예상치 못한 곳에서 뇌관으로 작용하는 경우가 많다. 우리엔터의 경우도 예외는 아니었다. 문제의 발단은 전 세계를 강타한 코로나사태가 발단이 된다. 업종의 특성상 코로나로 인해 매출이 거의 반 토막이 나면서 심한 경영적자 상태에 빠진 것이다.

회사의 재정상태가 좋지 않다 보니 성과급은 물론이거니와 기본급 지급도 간신히 이루어지는 상황이 되었다. 그러다 보니 직원들로부터 불만의 목소리가 여기저기서 나오기 시작했고, 이런 상황에 대해 감정의 기복이 심한 사장이 격하게 화를 냈다는 것이다.

"5년 전에는 성과급에 더해 원래 예정에도 없었던 금일봉까지 줬는데, 성과급 안 나온다고 불만을 품는 다는 게 정상적인 일인가? 양심이 있는 건가? 그런 은혜도 모르는 배신자들 하고는 같이 일하고 싶지 않으니 불만 토로하는 친구들 리스트 작성해서 제출하세요."라는 말을 대표가 했다고 한다. 조금은 어이없고 황당한 지시라고 생각했지만, 그렇다고 대표이사의 명령인데 무시하기도 힘들어서 나를 찾은 것이다.

나는 두 가지 관점에서 답변을 내놓았다. 하나는 사장의 관점이고 나머지 하나는 직원의 관점이다. 사장의 관점이란, 추가로 지급한 100만 원이라는 금액에 대해 느끼는 시각이다. 직원이 대략 100여 명 정도 되는 것을 고려하면, 총 1억 원 정도의 금액이 추가로 지급이 되었을 것이다. 이전에 지급한 성과급이 1인당 1천만 원이었던 점을 고려하면 성과급으로 10억 원, 추가로 1억 원이 지급된 것이다.

성과급 10억 원은 약속된 금액이니 사장의 입장에서도 당연히 지급해야만 하는 의무사항으로 인지되어 있었을 것이다. 그런데 추가로 지급한 1억 원은 뭔가 큰 혜택을 베풀었다는 생각을 가지고 있을 것이다. 문제는 여기에 있다. 기대의 불일치가 생긴 것이다. 직원들은 아무 감흥이 없는데 사장은 직원들에게 큰 혜택을 베풀었다는 자가당착에 빠져 있는 것이다.

다음은 직원의 관점이다. 서두에서도 말했듯이 주는 것은 기억하면서 받은 것은 잊어버리는 것이 사람이다. 다시 말해서, 회사의 실적이 좋아서 대표로부터 금일봉을 받은 기쁨은 그때뿐이다. 직원들에게 중요한 건 과거에 약속한 성과급이나 금일봉이 들어오지 않았다는 점이다. 물론 회사의 상황이 좋지 않아서 약속 이행이 안 된 점을 모르는 바는 아니지만 이런 것까지 이해해주는 직원들은 거의 없다. 여기서 발생하는 것이 바로 '신뢰하락'이다.

'신뢰=결과-약속'이다. 그리고 약속은 상대방이 갖게 되는 기대치다. 사장은 직원들에게 성과급과 금일봉을 주면서 이후에도 이런 인센티브가 계속 있을 것이라고 약속을 했다. 즉 직원들에게 기대치를 안겨준 것이다. 약속, 즉 기대치를 올려놓은 상황에서 결과가 없으니 신뢰가 하락하게 된 것이다. 이 대목이 내가 항상 조직의 리더들에게 당부하는 부분이다. 가급적 약속이라는 기대치를 높이지 말라고. 이유는 결과라는 항목이 예측하기 힘든 변수이기 때문이다.

결과는 예측하기 힘든 변수다. 그러나 약속은 나의 자율적 의지이기 때문에 얼마든지 통제 가능한 변수이다. 즉 신뢰를 높이기 위한 안정적인 방법은 약속의 양, 즉 상대방이 갖게 되는 기대치의 양을 최대한 줄이는 것이다. 결과가 어떻게 나올지 모르는 상황에서 약속을 남발하게 되면 혹여나 결과가 기대에 미치지 못하는 상황이 될 경우 신뢰는 바닥으로 추락하게 된다. 즉 약속을 해서 기대감을 주었는데, 결과가 약속보다 적을 때는 신뢰감이 마이너스로 간다는 의미다.

그리고 약속에 대해 두 번째로 우리가 주의해서 생각해야 할 것은 약속의 이행여부다. 사람들의 심리는 나하고 밀접하게 관련이 있는 것일수록 사적인 이해타산에 의해 우선 판단을 하는 경향이 있다. 나에게 유리하면 공정하고 나에게 불리하면 불공정하다고 생각하는 것이 보통의 심리다. 때문에 이해관계자가 많을수록 조직이 수렁에 빠지기 쉬운 이유가 바로 여기에 있다. 모두를 만족시킬 수 있는 해결책을 만들기가 쉽지가 않기 때문이다. 이때는 최초 약속이 무엇이었느냐가 중요하다. 서로 간에 한번 맺은 약속은 개인적 유　불리를 잠재울 수 있는 강한 무게감을 가지고 있기 때문이다.

그런데 누군가 최초 약속을 깨는 일이 발생했다. 이건 그동안 꾹 누르고 있었던 불공정(개인적 손해)을 뒤집을 수 있는 절호의 찬스가 되는 것이다. 이해관계자가 많으면 많을수록 해결 불가능한 아수라장이 되는 것이다. 2020년 우리 사회를 뜨겁게 달구었던 인천국제공항사태를 예로 들어 보겠다.

인천국제공항사태가 일어난 이유

일명 '인국공사태'라 불리는 인천국제공항의 비정규직 사태의 본질은 비정규직의 정규직 전환이 아니다. 이 문제의 본질은 '약속'이라는 것을 너무 가볍게 생각한 안이한 사고가 만들어낸 인위적 재앙이다. 약속한 대로만 했으면 문제가 없었을 텐데, 처음에 약속한 것보다 더 많은 혜택이 비정규직의 특정 직군에 돌아갔고 이에 대해 불공정의 봉인이 풀리면서 참았던 분노가 폭발한 것이다.

모르는 분들을 위해 사건의 발단을 설명해보겠다. 문재인 대통령은 취임 후 3일 만에 인천국제공항을 방문하여 공기업의 비정규직 제로화를 선언했다. 대통령은 이 자리에서 그곳에 근무하는 비정규직 근로자 1만 명을 정규직으로 전환시키겠다고 약속한다. 그리고 2020년 6월 21일 인천국제공항은 6월말에 계약이 만료되는 비정규직 보안검색요원 1,900명을 정규직 직원으로 전환한다고 발표한다.

사실 인천국제공항에서의 비정규직의 정규직화는 문재인 정부의 공약에 포함되었던 것으로 전부터 예정되어 있었던 것이다. 때문에 정규직화에 대한 논란문제가 인국공사태의 본질은 아니다. 이 문제의 본질은 정규직화의 문제가 이전에 약속되었던 방식에서 갑자기 다른 방식으로 바뀌면서 기존 멤버들의 분노를 산 것이다.

이전에 논의했던 방식은 인천국제공항의 자회사를 설립해서 비정규직 직원들을 자회사의 직원으로 편입시키는 방식이었다. 모두가 그렇게 알고 있었다. 그런데 돌연 공사 측이 비정규직 중에서 보안직렬 직원들을 자회사가 아닌 인천국제공항 자체에서 직접고용을 하겠다고 발표 했다. 그러다 보니 인천국제공항에서 근무하고 있던 정규직들이 들고 일어났고, 이런 내막이 언론에 알려지면서 상대적인 박탈감을 느낀 청년들이 분노하게 된 것이다.

여기에 기존 비정규직 근로자들의 분노도 더해진다. 인천국제공항은 정부정책의 일환으로 비정규직의 정규직화를 수년 전부터 시행하고 있었다. 앞서 말한 자회사에 편입하는 방식으로. 그렇게 이미 자회사에 편입된 직원들도 있었다. 그들은 "왜 똑같이 비정규직이었는데 우리는 겨우 자회사로 편입되고 너희는 공사로 편입되느냐?"라고 말하며 맹렬히 항의하고 있는 것이다.

이 모든 것의 출발은 기존의 약속을 어긴 것에서 출발한다. 그동안의 합의가 예정에 없던 약속위반으로 인해 무너진 것이다. 누군가의 더 좋은 신분이동이 발생하면서 누군가의 상대적 박탈감을 불러일으킨 것이다. 정규직 그리고 취준생은 비정규직의 정규직이 불공정하다고 생각하면서도 그동안 참아왔다. 왜냐면 개인적 유·불리를 따지기에는 기존의 약속이 누르는 무게가 훨씬 컸기 때문이다. 그런데 공사의 약속변경이 이런 대의명분을 해제시키고 마음껏 본인이 생각하는 공정성을 외치도록 자유를 준 것이다.

약속과 관련된 고전적인 연구 하나를 소개해 보고자 한다. UC샌디에고의 행동경제학자 아예릿 그니지Aylet Gneezy는 시카

고대학의 니컬러스 에플리Nicholas Epley와 함께 약속과 관련한 실험 하나를 진행했다. 논문 「Worth Keeping but Not Exceeding: Asymmetric Consequences of Breaking Versus Exceeding Promises, 2014」에 따르면, "약속은 그대로 이행했느냐, 이행하지 않았느냐가 중요하지 그 외는 별로 중요치가 않다."는 것이다.

〈실험방법 1〉

그니지와 애플리는 약속을 어기는 경우, 약속을 지키는 경우, 약속한 것 이상을 주는 경우로 상황을 설정하여 각각의 경우에 사람들이 어떤 심리상태를 갖게 되는지 살펴보기로 했다. 실험에 참여한 학생의 수는 총 62명이다. 연구진은 우선 62명의 학생들을 3개의 그룹으로 나누었다. 이기적인 성향의 A그룹, 중간 정도의 B그룹, 긍정적 성향의 C그룹으로 나누어 한 장의 시나리오를 나누어 주고 읽게 했다. 내용은 K라는 이름의 조교가 자신들에게 담당교수의 기말과제를 리뷰해주고 전반적인 피드백을 해주겠다는 내용이 담긴 시나리오였다.

그리고 약간의 시간을 두고 다음 3가지의 실제 상황을 일으킨 후, 학생들의 심리상태를 체크해보기로 했다. K가 약속을 지키지 않는 상황, K가 약속한 바를 제대로 지킨 상황, K가 약속한 것보다 더 많이 해준 상황이다. 각각의 상황에 대해 실험에 참여한 학생들이 어떤 느낌인지를 측정해 보았다.

〈실험결과 1〉

K가 약속을 어긴 상황에서는 이기적 성향의 A그룹에 비해 보통의 B, 긍정의 C그룹의 실망의 정도가 크게 나왔다. 그러나 K가 약속을 지키거나 초과했을 때는 A그룹보다 B, C그룹은 감사의 반응이 훨씬 크게 나왔다. 이것은 약속을 어길 때는 실망감이 크지만 약속을 오버한 것에 대해서는 감동이 거의 없다는 것을 의미한다.

〈실험방법 2〉

연구진들은 추가 실험을 진행했다. 그들은 참가자들에게 숫자들이 빼곡하게 적힌 표에서 0개의 개수를 세야 하는 40개의 퍼즐을 제시한 다음, 맞힌 퍼즐의 수만큼 상금을 주겠다고 말한다. 퍼즐이 40개나 되어서 시간 내에 푸는 것은 도저히 불가능하다. 그래서 그들은 각 참가자들에게 "내가 10개의 퍼즐을 대신 풀어주겠다."고 말하는 조력자와 함께 짝을 맺게 했다.

〈실험결과 2〉

연구진은 조력자가 10개를 풀어주겠다고 약속했다가 다섯 개만 풀어주는 상황broken, 약속한 대로 10개를 풀어주는 상황kept, 10개보다 많은 15개를 풀어주는 상황exceed을 만들었다. 그리고 각각의 실험을 수행한 참가자들에게 조력자의 도움을 받기 전의 기대와 실제로 조력자들 도움을 받은 이후의 상황으로 나누어 참가자들이 느끼는 감사함의 정도를 측정했다.

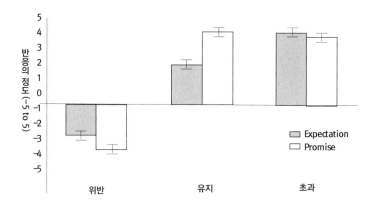

그랬더니 약속을 지키지 않은 상황의 경우는 실제로 도움을 받기 전보다 조금 더 실망감이 큰 것으로 나타났다. 약속을 지킨 경우는 도움을 받기 전보다 도움을 받은 이후의 기쁨이 더 크게 나왔다. 약속을 초과한 경우는 도움 전과 후의 기쁨의 정도가 같았다. 이것은 약속을 지킨 것이 중요한 것이지 약속을 오버한 것은 큰 감흥이 없다는 것을 나타낸다.

이처럼 약속한 것들이 그대로 준수되는 것이 중요한 것이지 추가로 얹어지는 선물은 그렇게 크게 임팩트가 없다는 사실에 주의할 필요가 있다. 이유는 약속에 대한 초과는 약속했던 것을 이행하는 '당연한 선물'의 범주에 포함되어 큰 임팩트를 주지 못하기 때문이다. 반면, 약속한 것을 지키지 않는 상황은 신뢰문제로 이어진다. 이는 수면 이하에 잠자고 있던 여러 문제들을 소환시키는 힘을 가진다. 자칫 판도라의 상자를 여는 재앙으로 이어질 수도 있으니 각별한 주의를 기울여야 한다.

1. 신뢰방정식: 신뢰=결과-약속

2. 보상을 주면서 유의해야 할 점은 과거에 한 약속이다. 과거에 조직이 한 약속과 비교하여 현재의 보상을 측정하기 때문이다.

3. 다음은 공정성이다. 여기서 공정성은 타인과의 비교이다. 주변의 다른 사람들이 받는 것과 비교해 내가 손해라는 생각이 드는 순간 불공정하다는 생각이 든다. 이를 잠재우는 유일한 무기가 '최초의 약속'이다. 그래서 약속을 할 때는 신중해야 한다는 것이다.

KI신서 9987
스마트 **리더**

1판 1쇄 인쇄 2021년 11월 15일
1판 1쇄 발행 2021년 11월 19일

지은이 신경수
펴낸이 김영곤
펴낸곳 (주)북이십일 21세기북스

TF팀 이사 신승철
출판마케팅영업본부장 민안기
제작팀 이영민 권경민
진행·디자인 다함미디어 | 함성주 유예지

출판등록 2000년 5월 6일 제406-2003-061호
주소 (10881) 경기도 파주시 회동길 201(문발동)
대표전화 031-955-2100 팩스 031-955-2151 이메일 book21@book21.co.kr

© 신경수, 2021
ISBN 978-89-509-9819-6 (03320)

(주)북이십일 경계를 허무는 콘텐츠 리더

21세기북스 채널에서 도서 정보와 다양한 영상자료, 이벤트를 만나세요!
페이스북 facebook.com/jiinpill21 포스트 post.naver.com/21c_editors
인스타그램 instagram.com/jiinpill21 홈페이지 www.book21.com
유튜브 youtube.com/book21pub